a história de cada um

VERA *Lúcia* MARINZECK *de Carvalho* + *Espírito* ANTÔNIO CARLOS

———————————————
CATANDUVA, SP, 2021

a história de cada um

Sumário

1
O rompimento do namoro
12

2
A viagem
28

3
A chegada
60

4
No sítio
80

5
A história de cada um
96

6
A Grota Profunda
116

7

Os suspeitos

132

10

A surpresa

192

8

Desistindo da investigação

152

11

O regresso

212

9

A história de Romoaldo

172

12

Uma única história

230

1

O rompimento do namoro

BRUNO ESTAVA CANSADO.

"Cansado ou chateado?", pensou.

Entrou no centro de umbanda. Tudo estava do mesmo jeito.

"Estou é com dor de cotovelo", concluiu.

Fora mais cedo para orar. O senhor Luciano abria o local, um barracão simples, porém muito limpo.

— Boa noite, menino Bruno! – cumprimentou Luciano.

— Boa noite!

— Precisa de ajuda? – indagou Luciano depois de observá-lo.

— Não, tudo está sob controle. Obrigado!

— Por que veio mais cedo?

— Para orar – Bruno foi lacônico.

— Pois ore e lembre: tudo passa!

"Tudo passa!", pensou Bruno. "Como dói essa passagem! Espero que passe mesmo! Dor de cotovelo! De fato, quando se bate o cotovelo, dói muito; talvez seja por isso que a dor de um final de relacionamento que também dói é chamada assim. Vou orar: Deus, muito obrigado! Estendo o agradecimento ao Senhor Jesus, aos bons Espíritos, Oxalá, Iemanjá...", citou várias entidades da umbanda. Depois rogou: "Ajude-me a esquecer Marcinha, aquela ingrata da Márcia!"

As pessoas foram chegando, os trabalhadores da casa começaram os preparativos para a sessão que começaria em poucos minutos. Bruno se distraiu. Em dez minutos o local lotou. Muitos ali estavam porque gostavam, frequentavam, porém a maioria esperava ser atendida e receber benefícios tanto dos encarnados que ali trabalhavam quanto dos desencarnados.

Marlene era a pessoa escalada da noite para dar uma breve palestra, esclarecimentos e orientações. No horário marcado, levantou-se, foi à frente e dissertou:

— Todos nós temos de estudar. Fazemos qualquer atividade com mais segurança quando sabemos. Quando conhecemos, somos autossuficientes e não necessitamos mais que outras pessoas façam por nós. Refiro-me esta noite aos trabalhos da mediunidade. Aprendemos muito quando lemos e estudamos. Temos aqui na nossa casa uma estante com bons livros sobre a umbanda, histórias dos nossos orixás, obras de Allan Kardec e de outros autores. Podem pegar emprestado; é só procurar por Tereza, que ela os ajudará a escolher o que ler. Marque no caderno o título do livro que pegou e leia, estude-o e devolva no tempo certo. Os livros são para todos nós e, se são nossos, cuidado redobrado. Vou ler um texto de *O Evangelho segundo o espiritismo*, de Allan Kardec, capítulo 25, "Buscai e achareis", tirado do *Evangelho de Mateus*, capítulo 7, versículos de 7 a 11, em que estão contidos os ensinamentos de Jesus:

"Pedi e se vos dará; buscai e achareis; batei à porta e se vos abrirá; porquanto, quem pede recebe e quem procura acha e, àquele que bata à porta, abrir-se-á. [...]"

Do ponto de vista terreno, a máxima: *Buscai e achareis* é análoga a esta outra: *Ajuda-te a ti mesmo, que o céu te ajudará.* É o princípio da *lei do trabalho* e, por conseguinte, da *lei do progresso*, porquanto o progresso é filho do trabalho, visto que este põe em ação as forças da inteligência. [...] Se Deus houvesse isentado do trabalho do corpo o homem, seus membros se teriam atrofiado; se o houvesse isentado do trabalho da inteligência, seu espírito teria permanecido na infância, no estado de instinto animal.

Vamos raciocinar, meditar nesses ensinamentos. O que Jesus quer que aprendamos com esses dizeres? Certamente que devemos fazer a nossa parte, o que nos cabe, e não deixar, querer, que outro faça por nós. Jesus deixou bem claro: bata, procure, e não que alguém faça isso por nós. Ao fazê-lo, nós nos tornamos receptivos para receber. Quem procura acha o que necessita. Mas somos nós, cada um, que temos de procurar, trabalhar, fazer para encontrar. Infelizmente, tenho visto muitos pedirem para outras pessoas procurarem para eles. Aqui recebemos pedidos assim. Por que esses pedintes não vêm aqui? Não estão nem se dando ao trabalho de procurar pela ajuda. Somente em casos específicos, em que o necessitado está impedido de vir, que iremos ver se ele está realmente receptivo. Lembro a vocês que muitos querem ser servidos, e poucos, servir; devemos mudar isso. Temos que passar a servir e deixar de ser mendigos espirituais que somente querem ser servidos. Façam sua parte; sejam servos, usem do trabalho da procura, do bater à porta. Faça o bem para ter o retorno, porque quem ajuda é ajudado; quem trabalha recebe, quem ama é amado."

A palestrante terminou.

"Pena que nem todos sigam o que foi recomendado", pensou Bruno. "Nem eu! Vou estudar, ler mais, agora tenho mais tempo."

Com tudo organizado, os atendimentos começariam. Hiolanda, a médium que recebia pela incorporação o responsável desencarnado por aquele local, se dirigiu aos médiuns que ali trabalhavam:

— Filha, logo seu marido irá sarar. Bruno, trabalhe direito, esqueça seus problemas.

— Vou tentar!

Realmente esforçou-se e o trabalho transcorreu normalmente e com muito proveito. Bruno esqueceu seus problemas na tentativa de resolver os dos outros.[1]

Quando terminou, Bruno se despediu e foi para casa, morava perto, foi caminhando devagar e pensando:

"Hoje é segunda-feira, foi no sábado que, como costumava

---

1. Nota do Autor Espiritual [NAE]: A umbanda usa termos peculiares e atrativos. Diferem-se do espiritismo. São designações próprias, embora muitos umbandistas usem termos que o espiritismo usa porque muitos estudam as obras de Allan Kardec. Como nomes para mim, Antônio Carlos, não têm importância, conto a história como costumo designar os fatos, acontecimentos. O importante é fazer o bem e nesse terreiro, centro de umbanda, fazia-se o bem.

fazer, fui à casa de Márcia para sairmos. Ela me esperava no portão."

"Bruno," disse ela, "não vou sair com você. Estava esperando porque quero conversar. Quero terminar nosso relacionamento. Não quero mais namorar."

Márcia se expressou rapidamente, com a cabeça baixa. Fiquei olhando e não consegui nem balbuciar.

"Entendeu, Bruno? Estou terminando nosso namoro. Entendeu?"

"Sim, entendi", esforcei-me e consegui responder. "Posso saber o porquê?"

"Nosso namoro não tem futuro. Você tem vinte e três anos, e eu, vinte e um anos. Trabalho como vendedora, ganho pouco, e você, na oficina mecânica, ganha pouco também. Vamos namorar até quando? Não temos como casar e menos ainda ter filhos."

"Você tem outro?", perguntei e temi a resposta.

"Não, você não levou chifres. Não o traí. Somente não quero namorá-lo mais. Entendeu?"

"Você está repetindo muito 'entendeu'. Por quê? Tem medo de que eu não entenda?"

"Queria que entendesse, somente isso", Márcia me olhou.

"Tem razão. Não entendi. Parecia gostar de mim e, de repente, não me quer mais."

"De fato, no começo do nosso namoro, eu me entusiasmei; depois... não vejo futuro no nosso relacionamento. Terminamos. Está bem? Vou entrar. Tchau!"

Entrou e fechou o portão. Ainda fiquei ali parado por uns três minutos, sem saber o que fazer. Resolvi voltar para casa. Ainda bem que meus pais haviam saído, e minha irmã

Luciene saíra também, como faz todos os sábados. Entrei no meu quarto e tentei organizar os pensamentos. Chorei, senti doer o peito. Demorei para dormir.

No outro dia, domingo, no almoço, contei aos meus familiares do rompimento do namoro.

"Bruno," meu pai tentou me consolar, "certamente foi uma briguinha à toa. Converse com ela novamente se sentir que vale a pena."

"Márcia deve ter sido sua décima namorada. Até que a namorou muito tempo", lembrou minha mãe.

"Pensei mesmo que iria terminar logo esse namoro", minha irmã deu sua opinião. "Márcia fala muito em se casar, e ela gosta de ter coisas, está sempre arrumada e compra muitos sapatos. Parece que tem mais do que dois pés."

"Mudamos de assunto. Quando terminamos a refeição, fui para meu quarto."

Bruno suspirou alto. Foi então que prestou atenção na rua e viu um senhor parado na esquina, era seu vizinho, que o olhou e sorriu. Bruno o cumprimentou, seguiu andando e pensando: "Ainda bem que tenho um quarto somente para mim. De fato, tive muitas namoradas, que foram mais namoricos, nunca havia gostado de ninguém antes. Não ficava com nenhuma garota mais de quatro meses. Namorei Márcia por onze meses."

Ele, naquele momento, tinha a certeza de amá-la e estava sofrendo.

"Hoje é segunda-feira e ainda estou sofrendo", suspirou novamente e, desta vez, nem olhou para os lados.

Chegou em casa, tentou não fazer barulho, todos estavam dormindo. Moravam na casa: os pais; a irmã mais nova, que estudava e trabalhava; e ele. Tinha mais um irmão, era o mais velho, que era casado.

Sua família era estruturada, os pais combinavam e viviam em paz. Eram de classe média baixa. Seu pai era motorista de ônibus municipal, a mãe trabalhava numa padaria. Bruno os amava.

Deitou-se e não conseguiu dormir, sentia aquele aperto no peito, suspirou várias vezes.

"Com certeza, não irei esquecê-la!"

Acabou dormindo.

Levantou-se cedo e foi para a oficina.

Tentou trabalhar e fazer bem feito seu trabalho, mas estava triste, calado, os colegas quiseram saber o que havia acontecido, contou e escutou conselhos e opiniões.

— Bruno, mulheres são complicadas, o melhor é não dar importância.

— Arrume outra logo! A fila deve andar!

— Tente conversar com ela de novo. Conversando é que se entende!

Foi no último conselho que Bruno focou. Resolveu ir conversar com ela à noite. E foi. Arrumou-se e, após o jantar, foi à casa dela.

Márcia saiu no portão, não o convidou para entrar. Ele resolveu argumentar e tentar fazê-la mudar de ideia.

— Marcinha, vamos conversar. Você não mudou de opinião?

— Bruno, não mudei. Realmente não quero namorá-lo mais. Por favor, não insista.

— Não estou insistindo! – ele foi ríspido.

Bruno não era de insistir nem de forçar ninguém a pensar como ele. Normalmente não discutia, achava que se ele pensava de uma maneira, tinha de respeitar a opinião do outro. Saiu espontâneo. Resolveu suavizar.

— Márcia, estou somente querendo entender. Tudo parecia estar bem entre nós. Namorávamos, e, de repente, você termina.

— Não foi tão de repente assim. Você que não prestou atenção. Não escondi que quero casar, ter filhos e, namorando com você, não vejo como realizar meu sonho. Meu entusiasmo passou. Comecei a achar chato o nosso namoro. Dei algumas desculpas para não me encontrar com você; se não se tocou, o problema não é meu.

— Márcia, você sabe que gosto de você.

— Isso não é suficiente.

O moço tentou outras formas para convencê-la, não adiantou. Márcia havia decidido.

— Bruno, por favor, não me procure mais. Vou entrar! Adeus!

Entrou e fechou o portão. Ele ainda ficou uns instantes parado, depois voltou para casa.

"De fato, o namoro terminou mesmo!", concluiu.

Em casa, entrou em seu quarto e chorou.

"Que dor danada de ruim é essa, pior que uma dor física."

Demorou para dormir. No outro dia, foi trabalhar e, quando voltou para almoçar, sua mãe o esperava com uma carta na mão.

Como todos os enamorados, por momentos pensou que Márcia havia lhe escrito. Mas, ao pegar e ler o remetente, viu que não era dela.

"Márcia não teria porque me escrever. Nunca fez isso."

Escutou a mãe explicar:

— Carta registrada. Veio da cidade perto da que moramos há muitos anos.

Bruno sabia de cor a história.

Seus pais se casaram, o pai ficou desempregado e então se mudaram para longe, em um outro estado, no interior, onde morava um tio do pai, que lhe ofereceu emprego. O irmão e ele nasceram nessa cidade. Ali os pais residiram por quatro anos. O emprego que o tio dera era num bar, armazém, onde se vendia de tudo. O tio faleceu, e eles retornaram para a cidade de origem, perto da família e onde moravam.

— É do cartório da cidade vizinha, porque com certeza onde morávamos deve continuar pequeno e não tem cartório – explicou a mãe.

— Abra logo! – pediu a irmã curiosa.

Bruno abriu e leu, depois leu novamente em voz alta e devagar.

— Você é herdeiro desse Severino. Herdou um sítio. É isso mesmo? – a irmã continuava curiosa.

— É o que parece – Bruno estava tentando entender.

— Esse senhor Severino era seu padrinho – lembrou a mãe.

— Recordo-me de ter escutado isso – disse Bruno –. Sempre pensei que ainda bem que não me colocaram o nome de Severino, como fizeram com o meu irmão, que se chama Sigmundo em homenagem ao padrinho, que foi o tio do papai. Bem, pelo que entendi, o cartório está me avisando que recebi de herança um sítio.

— Não sei se vale a pena ir lá para receber essa herança – opinou a mãe –. Esse lugarejo é minúsculo, tudo muito pobre, as terras não são boas ou é chuva que falta. O que me lembro é que o senhor Severino tinha um sítio pequeno.

Foi à noite que a família se reuniu para conversar, o irmão e a cunhada estavam presentes. A carta foi relida, Bruno já havia decorado. Ele quis escutar a opinião dos familiares.

— Bruno – aconselhou o irmão –, você deve ir lá e ver o que recebeu. Se o sítio era pequeno, pode ser que continue ou esteja maior. Vá, receba, venda e volte.

— Estou curiosa, como o cartório soube do nosso endereço? – a mãe quis entender.

— De vez em quando nos correspondíamos, Severino e eu – contou o pai –, e, como você não gostava dele, nada falei. Depois que retornamos, mudamos somente uma vez.

— Está então explicado – disse a mãe.

— Por que a senhora não gostava dele? – perguntou Sigmundo.

— Era má companhia para o seu pai, bebia, era farrista e mulherengo. Mas isso já passou. Ele está morto e de falecido não se comenta.

— Você tem um emprego – alertou o pai voltando ao assunto –. Não pode se ausentar assim. Como é longe, deve demorar para ir, resolver e voltar. Depois...

— Emprego onde ganho pouco – interrompeu Bruno –. Não tiro férias há três anos, vendo-as para ter um dinheiro extra.

— Saia do emprego. Quando voltar, tente recuperá-lo ou arrume outro. Sempre pensei que merece algo melhor – a irmã deu sua opinião.

— Não gostava daquele lugar! – a mãe suspirou.

— Severino era meu amigo e seu padrinho – lembrou o pai –. Se ele deixou para você o sítio que ele gostava, deve ser porque continuou solteiro e não teve filhos. Você deve ir, afinal não se pode desprezar uma herança.

Conversaram muito e decidiram que Bruno sairia do emprego, usaria as economias que guardara para ter dinheiro para ir, voltar e mais um pouco para gastar lá. Primeiro deveria ir ao cartório, depois ir para o sítio, vendê-lo e voltar. Concluíram também que o sítio não devia valer muito e que ele deveria vendê-lo por um preço razoável.

"Talvez", pensou Bruno, "me faça bem eu me afastar daqui. Sem ver a Márcia, quem sabe a esqueço? Vou decidir, mas somente depois que conversar com os amigos da umbanda, com nosso protetor."

Ele trabalhava nas segundas-feiras, ia raramente nas sextas-feiras, quando os trabalhos eram atender os mais necessitados e amigos.

Foi e prestou atenção na oração inicial, em que, além de agradecer e pedir proteção, dona Hiolanda rogou:

— Pai Nosso, protetores abençoados, amigos, irmãos, queremos ajudar do melhor modo possível. Ajudem-nos, orientem-nos para sermos úteis, conforme nos recomendou Jesus. Porque quando auxiliamos somos auxiliados, orientando, recebemos orientações, e é fazendo o bem que seremos um dia boas pessoas.

Bruno pegou uma ficha para ser atendido. Na sua vez, cumprimentou a entidade com todo respeito e carinho.

— *O que queres, filho?*

— Pai, estou sofrendo... – Bruno começou a se lamentar.

— *A vida é assim mesmo* – interrompeu a médium que estava sendo intérprete da entidade –. *Passamos por períodos fáceis e outros nem tanto.*

— Sei disso, Pai, é que...

— *A namorada não o quis mais* – interrompeu a médium, que dava passividade à entidade que todos chamavam de Pai João.

Realmente, esse Espírito bondoso chamara João na sua última encarnação. Ali trabalhava com amor, dedicação, firmeza, tentando ajudar a todos que vinham no local em busca de socorro e orientação. Era um Espírito de muita sabedoria e que entendera que, trabalhando, se aprende muito. Era um Espírito com conhecimento.

— É verdade, Pai João, ela terminou o namoro, e estou sofrendo.

— *Logo passa. Vejo para você mudança. O que quer saber?*

— Primeiro se ela volta atrás. Vamos reatar o namoro?

— *Não, filho. Não vão.*

Bruno suspirou triste. Doeu o peito.

— *O que mais quer saber?*

— Se devo ir ou não à outra cidade.

— *Seu protetor, Romoaldo, quer que vá, e ele irá junto* – o Espírito, usando da mediunidade, deu sua opinião. E a médium repetiu: – *Vá, filho! E lembre-se: quando queremos ser úteis, temos sempre oportunidades.*

— Ficarei sem vir aqui – queixou-se Bruno.

— *Estará de licença. Romoaldo, sempre que possível, estará com você.*

— Então devo ir? – Bruno quis a afirmação.

— *Sim! Agora vá se sentar. Que Deus o abençoe!*

— Obrigado!

Bruno levantou-se e foi sentar-se na outra sala. Decidiu que iria.

Trabalhava na oficina aos sábados pela manhã. Conversou com seu patrão. Pediu para ser dispensado, explicou que tinha que viajar. Os colegas pensaram que era para esquecer de Márcia. Ele escutou comentários contra e a favor dos colegas. Seu patrão entendeu e lhe pagou o que era devido. Teria, depois, de assinar documentos e deveria voltar na terça-feira. Com tudo acertado, foi para casa. Não saiu à noite. No domingo pela manhã, costumava jogar futebol com amigos; foi e contou a todos da viagem e por que iria.

— Quem sabe herdou uma fortuna? – desejou um amigo.

— Não, o sítio é pequeno, deve ser uma chácara, não vale muito. Se estivesse namorando Márcia, iria fazer uma procuração para alguém do cartório vender o sítio e me mandar o que apuraram pelo banco. Mas necessito mudar de ares, viajar e ver o que recebi de herança.

Desejaram-lhe êxito.

Segunda-feira foi ao centro de umbanda. Despediu-se dos amigos informando da viagem e que tivera licença e aprovação do Pai João. Desejaram-lhe boa viagem.

"Mesmo sendo por pouco tempo vou sentir falta de todos", pensou Bruno.

— *Não será tão pouco tempo assim* – escutou de Romoaldo, seu protetor.

Trabalhou como sempre e novamente voltou triste para casa. Pensava em Márcia e no término do namoro.

Na terça-feira, acertou tudo na oficina. Foi à rodoviária e verificou como iria, como faria sua viagem. Teria de pegar o ônibus até a capital do estado que morava e de lá para a capital do estado em que ficava a cidade do cartório, e depois ir para a cidade onde estava o sítio. A viagem deveria durar umas trinta e seis horas. Partiria na quinta-feira. Pensou em ir se despedir de Márcia, mas não o fez, pensava em não demorar, devia ficar ausente por uns quinze dias. Prometeu aos pais que tentaria telefonar ou escreveria se fosse demorar mais tempo. Passou o dia se organizando para a viagem. Levaria duas malas. Numa a mãe colocou toalha de banho, lençóis, fronhas; na outra mala, roupas. Despediu-se dos familiares na quarta-feira à noite. A mãe, preocupada, o fez prometer que se cuidaria. Ele pegou dois livros de Allan Kardec, *O Evangelho segundo o espiritismo* e *O livro dos médiuns*, e os colocou na mala. No outro dia cedo, pegou o ônibus das seis horas e cinquenta minutos para a capital do seu estado. Sentiu Romoaldo por perto, o Espírito que trabalhava com ele na umbanda. Agradeceu.

Seus sentimentos estavam confusos: alegre por viajar, conheceria outro local e pessoas; triste pelo rompimento com a namorada. Não sentia a separação dos familiares, seria rápida.

Fez uma oração pedindo proteção e tentou ver a paisagem. Já tinha viajado várias vezes para a capital, mas não sozinho. Tentou relaxar.

Do ponto de vista terreno, a máxima: "Buscai e achareis" é análoga a esta outra: "Ajuda-te a ti mesmo, que o céu te ajudará". É o princípio da "lei do trabalho" e, por conseguinte, da "lei do progresso", porquanto o progresso é filho do trabalho, visto que este põe em ação as forças da inteligência.

2

A viagem

2

A VIAGEM ATÉ A CAPITAL DO ESTADO EM QUE RESIDIA, DE duas horas e cinquenta minutos, foi tranquila. Bruno ficou vendo a paisagem, repensou em tudo e refez seus planos:

"Ao chegar na cidade do cartório, dependendo do horário, pernoito lá; depois de resolver a posse da herança, irei para o sítio. Estou levando todos os documentos que o cartório pediu. No sítio vejo tudo o que lá tem e vendo, ou tento vender. Se não conseguir negociá-lo, na cidade do cartório deve haver alguma imobiliária, onde pedirei para venderem para mim; faço no cartório uma procuração para não ter de voltar lá. Com tudo arrumado, retornarei. Aí, terei dois problemas: não terei dinheiro, porque terei gastado tudo o que tenho, nem trabalho. Mas, na casa de meus pais, não tenho despesas e terei tempo para procurar emprego. Se vender o sítio, dará para eu fazer o curso que sempre quis, de mecânico, na cidade vizinha de onde resido ou na capital. Então serei um bom mecânico e, com certeza, terei um bom emprego e um ordenado melhor."

Chegou, a rodoviária era enorme; Bruno pegou suas malas, sabia bem o que iria fazer. Colocou sua bagagem num carrinho que alugara, as duas malas e uma mochila, e foi ao guichê da companhia do ônibus em que teria de viajar e que já tinha comprado a passagem. Pela informação, estava no horário, sairia dentro de duas horas. Foi tomar um lanche. Andou pela rodoviária porque sabia que ficaria muito tempo sentado. Faltando vinte minutos do horário para o ônibus sair, foi para a plataforma. O veículo já havia chegado e os passageiros estavam em volta; foram colocadas as malas no bagageiro. Bruno olhou curioso as pessoas com quem estariam juntos por várias horas. O motorista tentava ser agradável e cumprimentava todas as pessoas. As bagagens foram guardadas, eram muitas, a maioria dos passageiros estava levando muitas malas, pacotes e embrulhos. Entraram e se acomodaram na poltrona. O motorista contou os passageiros e, com todos a bordo, comunicou:

— Senhores, senhoras e crianças, chamo-me Mário, estarei com vocês por doze horas e depois outro colega assumirá o carro, o ônibus. A próxima parada será após três horas. Vinte passageiros irão até o final, a capital de outro estado; outros descerão nas diversas cidades onde faremos paradas nas rodoviárias; e outros virão viajar conosco. Numa viagem longa, aconselho-os a se conhecerem, conversarem; com certeza ficará mais fácil o trajeto. Temos um toalete no fundo do ônibus, utilizem se for mesmo necessário; se não, usem os sanitários nas paradas nos postos e rodoviárias. Tenham todos uma boa viagem! Que Deus nos proteja!

Pela contagem do motorista, eram trinta e cinco passageiros. Logo que saíram da cidade, uma senhora se levantou, ocupava a primeira poltrona e apresentou-se:

— Chamo-me Rosa Maria, convido-os a orar pedindo a Deus, a Maria, proteção nesta viagem que irá ser longa.

Rezaram um pai-nosso e uma ave-maria. A senhora continuou de pé, olhou para todos e voltou a falar:

— Irei viajar com vocês até amanhã. Passaremos muitas horas juntos. Estive aqui, numa cidade próxima da capital, na casa de minha filha. Foi muito boa minha estadia, fiquei com ela por três semanas. Foi realmente muito prazeroso, não via minha filha, o genro e os netos fazia três anos. Embora tenha os deixado bem, estou indo embora com o coração apertado; com certeza, demorarei para revê-los. Moro com meu companheiro, ele não é o pai dos meus filhos, o pai deles faleceu. Na cidade em que resido moram também minha família, irmãos, sobrinhos, meus outros dois filhos e enteados, mas sinto falta desta filha. Fiz ontem balas de coco, vou servir a todos.

Risonha, agradável, passou servindo, todos pegaram. Uma mulher, jovem ainda, com três crianças, estava à frente. Rosa Maria fez as crianças pegarem mais balas. Essa mulher com os infantes chamou a atenção de Bruno, estava com um menino que talvez tivesse quatro anos, uma menina de três anos e um nenê de um ano. Ocupavam duas poltronas. O bebê estava no colo e as duas crianças ocupavam a mesma poltrona ao lado. Bruno a sentiu preocupada e temerosa.

Sentou-se ao lado de Bruno um senhor que estava com cheiro forte de suor.

— Desculpe-me o cheiro – pediu ele –, é que corri muito.

— O senhor não quer se apresentar e falar alto para todos escutarem? – Rosa Maria interferiu.

O senhor se levantou, sorriu sem graça e ficou ainda mais sem graça com todos o olhando.

— Penso que estou cheirando a suor. Devo estar mesmo. Chamo-me Agnaldo.

Sentou-se e continuou falando em tom alto.

— Planejei, comprei a passagem há dez dias. Estou indo visitar um irmão para resolver um problema de herança de uma casa que meus pais nos deixaram. Ontem à noite, meu neto de cinco anos foi atropelado. Meu filho está viajando a trabalho, minha nora foi com ele para o hospital, e eu fiquei na casa dela cuidando de dois netos pequenos. Não dormi à noite. Tinha avisado a eles da viagem. Foi às nove horas e quarenta minutos que a mãe de minha nora chegou para ficar com eles. Corri demais, fui à minha casa, peguei a mala e vim para a rodoviária de táxi. Suei mais de nervoso, temi perder o ônibus; para comprar a passagem usei de todas as minhas economias, e meu irmão me espera para resolver este problema, a venda da casa. Ainda bem que meu neto está bem, ficou no hospital por precaução porque bateu a cabeça. Assim que pararmos, trocarei de roupa. Agradeço a compreensão.

Fizeram algumas perguntas, Agnaldo respondeu:

— Moro sozinho, estou viúvo há muitos anos. Tenho cinco filhos e treze netos. Sou aposentado, mas continuo trabalhando, estou de férias.

"Para tudo existe uma explicação", pensou Bruno. "Podemos ficar suados e fedidos por não tomar banho, por falta de higiene, mas para Agnaldo houve motivos. Assim deve ser com cada um de nós; devemos, antes de reclamar, criticar, saber o motivo, a causa."

Calaram-se. Bruno dormiu como a maioria dos passageiros. O ônibus parou e o motorista avisou:

— Vinte minutos!

Bruno desceu, viu que uma moça ajudou a mãe com as crianças. Ele tomou café e ficou andando em frente ao veículo. Não costumava ficar parado, quieto, estava sempre em movimento, ia para o trabalho caminhando, voltava para almoçar e na oficina não parava.

Com todos novamente acomodados, seguiram viagem. Agnaldo trocou de camisa e agora estava com bom cheiro. Começaram a conversar.

— Sugiro – Rosa Maria levantou-se e expressou em tom alto – que falemos de nós. E você, mamãe? Temos no ônibus estas suas três crianças. Não quer contar por que está viajando?

— Não – respondeu a mulher –. Não quero falar de mim. Estou somente viajando.

As crianças já estavam cansadas, começaram a pedir, a querer, e as duas maiores, a brigar. Rosa Maria não se intimidou.

— E você – mostrou Bruno –, por que está viajando? Não é esta uma simples viagem. É mais de um dia na estrada.

Bruno, que estava com receio de se entediar, gostou da ideia de se entrosar. Levantou-se.

— Chamo-me Bruno. Meus pais moraram numa cidadezinha logo que se casaram, meu irmão e eu nascemos lá. Meus pais voltaram para perto da família, mas lá deixaram amigos e meu padrinho, que faleceu recentemente e me deixou de herança um sítio; estou indo lá para receber esta herança, penso em vender e voltar.

Houve perguntas. Bruno respondeu:

— Não conheci meu padrinho, não me lembro dele, era solteiro e não tinha filhos.

Passaram a conversar sobre o tempo, fofocas de artistas.

Pararam numa rodoviária, não desembarcou ninguém, mas novos passageiros entraram, e o ônibus parou num posto onde ficariam por uma hora para tomar banho e jantar. O local cobrava pelo banho, o chuveiro ficava aberto por cinco minutos. Bruno tomou banho.

"Ainda bem que mamãe colocou uma toalha pequena na mochila. Deu para me enxugar. Não senti vontade de me enxugar com a toalha do posto."

Jantou. Bruno viu Rosa Maria e uma moça ajudarem a mãe com as crianças, os pequenos se divertiram no posto.

Novamente seguiram viagem. Rosa Maria levantou-se e serviu novamente suas deliciosas balas.

— Pessoal, é o seguinte – disse Rosa Maria –: estamos próximos, somos no momento os próximos mais próximos. Vamos fazer amizade, conversar, sejamos solidários, assim a viagem será menos cansativa. Logo escurecerá, teremos umas dez horas sem o sol. Iremos dormir? Algumas horas somente, porque estaremos sentados e em ambiente diferente.

— Concordo com a senhora – uma jovem se levantou.

— Chamo-me Marilda e estou viajando com minha mãe e meu irmão. Viemos para a cidade grande porque mamãe adoeceu e veio fazer um tratamento num centro maior e especializado. Ficamos somente nós duas nesse tempo. Com a mamãe doente e estando sozinha com ela, senti muito medo. Temi perdê-la e também porque nunca havia estado num lugar desconhecido e com tantas responsabilidades. Meu pai ficou trabalhando, e dobrado, para nos sustentar. Mamãe, graças a Deus, se curou, teve alta médica, e meu irmão veio nos buscar. Ele veio de ônibus, chegou anteontem, e estamos voltando para casa. Ele veio somente para nos acompanhar.

A mãe levantou-se e sorriu:

— Vou me sentar. Não é prudente ficar em pé. Chamo-me Maria das Graças. Estou muito contente e grata ao Pai Maior porque sarei, porque tenho uma família maravilhosa. Faz quatro meses que estamos longe de casa. Penso que esse tempo fora fez com que desse mais valor ao meu lar. Tenho um excelente esposo e dois filhos maravilhosos. Minha filha me acompanhou, deixou o namorado, tudo, para ficar comigo. Se tudo der certo, amanhã chegaremos.

Comentários, quiseram saber que doença ela tinha. Maria das Graças respondeu:

— Foi como meu nome: uma graça alcançada. Precisei de um transplante de rim. O doador foi um moço que sofreu um acidente de carro. Terei de tomar muitas medicações.

Um senhor se levantou, estava sentado no fundo do veículo, foi à frente.

— Sou um bêbado! Chamo-me Esequiel. Não bebi na viagem e não irei beber. Porque quando começo a beber não paro; no começo fico inconveniente, depois valente, briguento, vomito e acabo caindo e ficando no chão. Fiz um propósito de não beber na viagem por saber que incomodaria; depois, se ficar bêbado, o motorista tem ordem de me colocar para fora e me deixar num posto. Preciso viajar. Fui casado, ou melhor, morei com uma mulher, e tivemos três filhos. Comecei a me embriagar e nossa vida ficou confusa. Reconheço que tornei a vida de todos, dos meus familiares, muito difícil. Se chegava no nosso lar bêbado e ela reclamava, batia nela; se os filhos fossem defendê-la, batia neles também. Fui despedido do emprego por justa causa, e aí minha mulher me tocou de casa, saía, voltava e fazia escândalo. Eles mudaram e não soube para onde. Ela trabalhava muito para sustentar os filhos, a família passou a ajudá-la, e eu fiquei na rua. É estranho viver nas ruas, falávamos que nos sentíamos livres para fazer o que queríamos, que em casa tínhamos normas como: tomar banho, não sujar, não vomitar dentro da moradia, não levar amigos etc. Gostava também de me sentir livre e, afirmava que era bom não ter de escutar resmungos da mulher e da família. Porém não tínhamos quem nos acudisse com afeto se precisássemos de algo. Nos poucos momentos de lucidez, sem a bebida, eu sentia saudades, tristeza e então, sedento, bebia para esquecer. Bêbado, esses sentimentos ficavam adormecidos, e bebia mais para esquecer. Alimentava-me... tem sempre alguém bondoso que dá alimentos, mas também revirava lixos, principalmente de restaurantes, e não me importava de comer restos. Pedia dinheiro e comprava bebidas. Estava sempre com algum grupo, e, entre nós, trocávamos objetos, roupas, dividíamos tudo e bebidas. Como brigava muito, levei diversas surras e bati também. Tornei-me um caco, um farrapo humano, meus filhos sentiam vergonha de mim e não queriam me ver. Uma das minhas irmãs, que estava sempre me dando roupas e alimentos, três dias atrás, me encontrando sóbrio, conversou comigo: "Esequiel," pediu ela, "pare com isto! Pare de se embriagar! Se nossos pais fossem vivos eles sofreriam por vê-lo assim. Samuel, nosso irmão, mora longe, ele é pastor evangélico, ele quer que você vá ficar com ele, porque, com as orações dele e um tratamento, você irá sarar.

Vá, meu irmão!" "Não", respondi. Não bebi aquele dia e vi, sem a bebida, como eu estava vivendo, as companhias, a sujeira, a depravação. Fui dormir mais afastado do grupo e sonhei com minha mãe. Lembro-me perfeitamente desse sonho. Mamãe estava muito bonita, com uma blusa que ela gostava muito, me beijou na testa e me aconselhou: "Meu filho, pare de beber! Amo-o muito! Você deve se amar. Recupere a saúde, trabalhe e seja pai. Por favor, meu filho, pare de beber!" Acordei e fiquei pensando no sonho, sentia o beijo de minha mãe. Pela manhã fui à casa de minha irmã e falei que queria ir para perto desse meu irmão e me tratar. Ela, com receio de eu mudar de ideia, agilizou a viagem, me deixou no lar dela, comprou a passagem, somente de vinda, umas roupas, me colocou no ônibus e aqui estou eu, viajando.

— Você está sentindo falta da bebida? – quiseram saber.

— Não tanto quanto eu pensava. Tenho orado pedindo forças a Deus. Meu irmão está me esperando, ele me prometeu remédios, tratamento de dentes e trabalho. Estou pensando muito em mamãe e estou com vontade de me melhorar.

— Você avisou seus filhos que viajaria?

— Não. Minha irmã me prometeu que irá contar. Com certeza, ela cumprirá e penso que eles se sentirão aliviados por não me verem mais nas ruas. Estou há quatro dias sem beber, sinto que estou raciocinando melhor e estou entendendo meus filhos. Eles foram privados de muitas coisas por minha causa. Quando estava com eles em casa, eu gastava muito com bebidas, dinheiro com que poderiam se alimentar melhor, ter brinquedos e divertimento. Nas ruas, nunca dei nada a eles. O tempo passou e perdi muito. Minha irmã, para me incentivar, disse que eu, sadio, posso ainda ser um bom pai. Talvez eu até venha a ser. Mas o que eu os fiz perder, isso não volta.

Esequiel chorou, todos se comoveram, ele recebeu incentivos:

— Você consegue!

— Confie em Deus!

— Vícios se vencem lutando!

Bruno viu perto dele o Espírito de uma mulher que ele entendeu que era uma desencarnada boa, a mãe dele.

"Com certeza, esse Espírito, mãe sempre se preocupa com os filhos, teve permissão para ajudá-lo. Tomara que consiga!", desejou Bruno.

Esequiel voltou para seu lugar. O motorista informou:

— Vou apagar as luzes. Acomodem-se e tentem dormir.

Bruno orou e tentou dormir. Estava difícil, escutou roncos, as crianças choraram, principalmente o nenê. Teve somente cochilos.

Às quatro horas e cinquenta minutos, o ônibus parou num posto. O motorista acendeu as luzes.

— Passageiros amigos! Vamos fazer uma parada aqui neste horário porque, por muitos quilômetros, não teremos onde parar. Nossa próxima parada será perto das nove horas e numa rodoviária. O bar restaurante está aberto neste posto.

Todos desceram. As crianças estavam dormindo, e o menorzinho, no colo da Marilda, a filha da senhora que se curara.

— Vou descer e deixar as crianças dormindo, volto logo para pegá-las – decidiu Celina.

— Eu fico aqui com elas – ofereceu-se Marilda.

Foram aos sanitários, tomaram café. Bruno ficou andando em frente ao ônibus. Viu Celina voltar, pegar os dois maiores.

Marilda desceu com o pequenino. Bruno ofereceu-se para ficar com ele quando o irmão da Marilda voltou, pegou o menininho e ficou andando com ele.

Antes dos quarenta e cinco minutos, todos estavam em frente ao ônibus. Começava a clarear. Acomodados, partiram.

Um senhor foi à frente.

— Sou Geraldino. Estou indo buscar minha filha e dois netos. Tempos atrás, para mim e para minha esposa, tudo parecia certo, com quatro filhos adultos, ajuizados, que estudavam e trabalhavam. Foi então que Lurdinha, a terceira filha, se engraçou com um homem forasteiro. Ele estava na cidade com um grupo que fora para trabalhar na colheita de algodão. Quando ficamos sabendo, o namoro estava firme. Todos nós nos mobilizamos para alertá-la. Não conhecíamos o moço, pedimos para ela não se envolver com uma pessoa desconhecida. Não adiantou, ela fugiu com ele. Que desgosto! Ela deixou uma carta de despedida afirmando que seria feliz. Tentamos saber para onde Lurdinha fora, o grupo era de duas cidades em outro estado distante. Resolvemos não ir atrás dela e esperar pelas notícias, era maior de idade e fora pela sua vontade. Minha filha escreveu um mês depois, contou que estava bem, era feliz e esperava um filho. Passamos a nos corresponder, nasceu um menino, a menina... Minha esposa mandou por três vezes dinheiro para ela, pelo banco, como presente para ela e para os netos. Minha esposa sempre se sentia inquieta em relação a essa filha, penso que é coisa de mãe, e aí...

Geraldino suspirou, vendo todos o olhando interessados, continuou:

— Uma vizinha de minha filha, com certeza sua amiga, tirou uma foto dela e escreveu nos informando que Lurdinha apanhava muito do marido. Na foto, minha filha estava com muitos hematomas no rosto, sem os dois dentes da frente, desmazelada, nem parecia minha menina. Que tristeza! Essa vizinha também escreveu que o marido de minha filha trabalhava numa outra cidade entre os dias vinte e trinta, todos os meses. Recebemos a carta no dia dezoito. Arrumei tudo e vim, chegarei lá no dia vinte e dois. Meus planos são pegá-la com os netos e voltar. Vou ficar na próxima parada, terei de pegar um outro ônibus. Meus outros filhos ajudaram me dando dinheiro, compramos as passagens de volta, quatro, sem data marcada. Planejei pegar um táxi, pegá-los e trazê-los à rodoviária em que vou descer. Que Deus e Nossa Senhora Aparecida nos ajudem!

Perguntas vieram:

— E se esse homem não tiver ido trabalhar?

— Penso em conversar com ele, convencê-lo, direi que é somente um passeio, uma visita. Porém, trouxe um revólver, sei atirar bem.

Muitas exclamações:

— Não faça isso! É crime! Você pode ser preso!

— E se sua filha não quiser vir com você?

— Pensamos nisso também. Estou levando um forte sedativo; darei a ela, que somente acordará no ônibus.

Todos desejaram êxito. Geraldino voltou a se sentar.

"Meu Deus! Ajude-o para que tudo dê certo!", rogou Bruno.

— *Vai dar* – Romoaldo tranquilizou seu protegido, falando de espírito para espírito, comunicação que costumavam fazer –. *Geraldino e a esposa são boas pessoas. Um bom Espírito os está auxiliando e foi ele que me contou que o marido de Lurdinha se ausentou, que ela quer vir embora e também que ela e a vizinha que escreveram a carta. Este homem, todas as vezes que vai se ausentar, bate nela no rosto, para ela não se engraçar com ninguém. A moça é honesta e tem muito medo dele.*

Bruno pensou em conversar mentalmente com seu protetor, mas uma moça levantou-se e foi à frente.

— Chamo-me Vânia. Pensava até ontem ter muitos problemas. Agora entendi que não os tenho. Meus pais são separados. Eu estava com treze anos quando meu pai foi embora de casa, foi morar longe. Ele tem outra mulher e mais dois filhos, meus irmãos. Minha mãe também se casou novamente e tem somente eu. Meu padrasto é uma boa pessoa. Eu estava namorando há três anos quando descobri que meu namorado me traía e, pior, quis ficar com a outra. Revoltei-me e fui dispensada do emprego, a firma em que trabalhava está passando por dificuldades financeiras e dispensou vinte empregados. Devem ter escolhido os que não eram os melhores. Ultimamente, revoltada, estava sempre mal-humorada. Com certeza, fui dispensada por esse motivo. Resolvi visitar meu pai e escrevi para ele, que gostou demais, está ansioso pela minha chegada. Ainda bem que não briguei com minha mãe nem com meu padrasto. Escutá-los me fez bem. Chegando, irei telefonar para mamãe, dizer que a amo e que realmente estou somente fazendo minha visita ao meu pai, que sempre foi bom e me ama. Xô, mau humor! Não tenho problemas! Pensando melhor, foi muito bom ter terminado o namoro. Ele não me merecia. Mereço uma pessoa melhor!

Comentários:

— É isso aí!

— Você é uma moça bonita! Merece mesmo alguém melhor!

— Conseguirá outro emprego!

Ela se sentou, e um homem se levantou.

— Estou muito aflito! Sim, aflito, com medo, mas também com esperança. Vou contar o que me aconteceu. Morava aqui, por esta região. Irei parar numa cidade a que, calculo, chegaremos às doze horas. Estava casado e tenho um casal de filhos. Estava sempre reclamando, ora da vida, do trabalho, da esposa e dos filhos. Numa época difícil, sem serviço, vim para o Sul com muitas pessoas, com trabalho arranjado, no campo. Viemos num grupo grande de homens. A viagem foi longa e cansativa. Viemos de caminhão, "pau de arara", como era chamado. Chegamos, fomos para uma fazenda e ficamos num alojamento precário. Entendemos que não seria fácil nossa estadia. Trabalhávamos muito e tínhamos que pagar pela alimentação, que era boa: café da manhã com leite, café, pães, bolos, bolachas, almoço e jantar, com alimentos bons e sortidos, mas pagávamos por isso. Sobrava pouco dinheiro, e este era mandado para a família por meio do banco. Estávamos ali havia três meses e doze dias, quando, numa briga, um do grupo matou um empregado que nos vigiava. Dispersamo-nos, nos espalhamos, saímos do local e roubamos o que conseguimos. Fui com dois companheiros para a periferia da cidade e ficamos escondidos numa pensão. O proprietário da fazenda, com medo do escândalo e porque com certeza seria multado pelo trabalho escravo, escondeu o fato. Soube depois que ele enterrou o empregado morto na propriedade. Esse homem também não tinha família por ali. Do grupo, muitos foram embora de ônibus, alguns de carro roubado. Ficamos nós três na pensão, resolvemos procurar emprego.

Encontramos, porém não era honesto; no local vendiam bebidas adulteradas, produtos de roubos, era um galpão. Um companheiro, muito honesto, não aceitou e foi embora, voltou para a cidade em que morávamos. Resolvi ficar, estava conseguindo mandar mais dinheiro para a família. Morava num quartinho no fundo do galpão e fazia guarda à noite. Para isso ganhei um revólver e aprendi a atirar. Meu outro colega arrumou emprego em outra parte da cidade. Então conheci uma moça faceira, bonita mesmo, e me apaixonei; fomos morar juntos, na casa dela. Passei a mandar menos dinheiro à família. Escrevia sempre, e minha esposa o fazia mais. Ela pedia sempre para eu voltar. Escasseei as cartas e o dinheiro que mandava. Essa moça, minha companheira, estava sempre querendo mais coisas; para satisfazê-la, comecei a roubar do meu patrão e, com dois colegas, passei a roubar residências, comércio e abordar pessoas nas ruas.

Ele fez uma pausa, suspirou, de fato estava aflito.

"Não sei como ele está conseguindo falar", pensou Bruno.

— Por três anos vivi assim – continuou o homem a narrar sua história de vida –. Mas acabou. A polícia invadiu o galpão. O dono sabia que eu o roubava; esperto, mais que eu, colocou a culpa toda em mim. Documentos falsos foram encontrados; neles, era eu o dono e também fui acusado de roubar. Fui preso. A moça sumiu, não me quis mais, soube que logo arrumou outra pessoa. Defendido pela defensoria pública, fui condenado a doze anos de prisão. Uma vizinha dessa moça, que eu conhecia, me fez um favor, pegava as cartas de minha esposa e as remetia para a penitenciária. Preso, não mandei mais dinheiro. Minha esposa sabia, porque eu escrevera, que tinha outra mulher. Ela não comentou nada e aí passou a escrever mandando notícias dos filhos. Recebia cartas de duas a três vezes no ano. Resolvi contar o que acontecera e que estava preso, mas só depois de cinco anos. Então ela passou a escrever mais vezes, e os filhos também me mandavam cartas, que recebi pelo endereço do presídio.

Fez outra pausa. Todos no ônibus prestavam atenção. Ele suspirou por umas três vezes.

— Continue, senhor – pediu Rosa Maria –, penso que lhe fará bem desabafar.

— Sofri muito na prisão. Penso que poucas pessoas se adaptam àquele lugar. Sempre, quando há um grupo de pessoas, existem entre elas muitas diferenças, uns são bons, outros nem tanto; há honestos e desonestos etc. Numa penitenciária, isso não se difere muito, penso que oitenta por cento dos presos têm tendência a fazer algo errado, e uns são maldosos. Vivi num inferno. Fui agredido muitas vezes, levei muitas surras. Estávamos no refeitório, alguém pegava de sua bandeja a carne, a mistura, a fruta. Tive de fazer tarefas para outros. A lista é grande de coisas tristes que muito me fizeram sofrer dentro da prisão.

— Não é melhor esquecê-las? – sugeriu alguém.

— Penso que eu tenho de tirá-las do sentimento, mas não dá para esquecer. Também fiz amigos lá, encontrei pessoas que erraram, como eu, mas que se arrependeram e não queriam mais fazer nada de errado. Estudei, fiz todos os cursos oferecidos, aprendi matérias escolares, técnicas e religiosas.

— Você se arrependeu mesmo de seus erros?

— Sim. Logo que fui preso me arrependi de ter buscado facilidades, de não ter recusado aquele emprego. Depois de ter roubado de um ladrão experiente, entendi tardiamente que ele sabia desde o começo que eu o roubava e permitiu, porque planejara que, se fosse descoberto, ele iria me fazer de responsável pelo negócio. Fui ingênuo, mas não inocente, pensava que estava me dando bem. Sofrendo na prisão, no começo revoltei-me, depois o tempo me fez amadurecer, compreender a vida; Deus, o Pai Amoroso, me dera como esposa uma pessoa boa, honesta, dois filhos sadios e não dei valor. Troquei uma joia por uma lata que refletia o que não era. Por bom comportamento, sairia da prisão após ter cumprido oito anos. Marcaram o dia. Escrevi para minha esposa contando, escrevi várias cartas, uma atrás da outra, que voltaria e que, se ela me quisesse, para me esperar na rodoviária.

Ele fez uma pausa e Marilda perguntou:

— E aí? O que aconteceu? Por favor, conte.

— Saí da prisão. Ninguém me esperava. Andando, fui até a casa da vizinha, da senhora que, no começo, recebia as cartas de minha esposa e as enviava novamente pelo correio para a penitenciária. Trabalhei na prisão; com o pouco que recebia, uma parte comprava produtos de higiene, alguns remédios e guardava o resto; era essa senhora que guardava para mim.

— Foi lá e não recebeu nada?! – deduziu alguém.

— Pelo contrário, fui bem recebido por ela, que me serviu o jantar, me convidou para dormir num quartinho nos fundos e me deu o dinheiro. Como foi bom dormir sozinho e não precisar ficar atento, não escutar roncos e sentir cheiro ruim de um local onde muitos ficavam. No outro dia, após ter tomado café, aquela que fora minha amante foi me ver, ela estava preocupada. Olhei-a e tentei entender o que eu tinha vista anteriormente nela para me apaixonar. Continuava bonita, muito arrumada, mas sem sentimentos. Depois dos cumprimentos, disse: "Espero que não tenha vindo para se vingar de mim." "Não," respondi, "estou em paz." "Não tive culpa de nada do que ocorreu com você." "Sei disso. Não se preocupe, estou partindo e lhe desejo felicidades." "Você não precisa partir. Seu antigo patrão lhe dará emprego e desta vez algo melhor. Você não o delatou, e isso é importante. Basta querer e terá um bom cargo no grupo." "Não," recusei, "não quero, obrigado. Nada de fazer mais coisas erradas. Aprendi muito nesses anos na cadeia." "Moro com um homem, ele é violento e me ama muito. Não posso ficar com você." "Não vim aqui por isso, sossegue. Vim pegar um dinheiro que esta senhora guardou para mim, voltarei para minha terra." "Bem, se é assim, aceite mais este." Ela me deu um envelope. Não quis pegar. Ela insistiu: "Você me deu muito. Aceite! É um retorno." Peguei e agradeci. Fui à rodoviária, dessa vez peguei um ônibus que circula na cidade. Vi como teria de viajar e comprei a passagem. Resolvi ir no mesmo dia à tarde para a capital e lá pegar o ônibus e vir para cá. Despedi-me agradecendo àquela senhora, que me explicou: "Ajudo pessoas. Gosto dessa moça, ela me auxilia muito, e eu tento ajudar as pessoas que ela prejudica. Vi o que ela fez com você. Ela sabia que o chefe preparava para incriminá-lo se fosse descoberto. Nem ligou quando foi preso; se veio aqui, foi porque contei a ela, que ficou com medo. Por que você não delatou ninguém?" "Não adiantaria; quando vi os documentos, percebi que era eu o dono de tudo o que estava no galpão, e sem nunca ter sido. Depois, se delatasse, não estaria vivo, teria sido morto, é o código do grupo." Agradeci e parti, não quis ficar mais lá, senti medo. Fui para perto da rodoviária, numa loja da região comprei duas trocas de roupas. Dormi sentado em cima do pacote numa cadeira. Tomei o café da manhã.

— E por que está aflito? – Rosa Maria quis saber.

— Quando escrevi para minha esposa contando o dia em que sairia da prisão, afirmei que viria para nossa cidade. Pedi a ela que, se ainda me quisesse, para me esperar na rodoviária. Que eu a amava e que queria pedir perdão a ela e aos meus filhos. Se ela não fosse me esperar, é porque não me queria mais e então eu, da rodoviária, pegaria outro ônibus e iria para outra cidade, onde meu irmão mora, para não os incomodar, porque sabia o mal que havia feito a eles. Se ela ainda me amasse, que viesse me esperar. Tempos depois na prisão, passei a pensar nela e compreendi como ela é boa, carinhosa, bondosa, qualidades que não vira, e o tanto que amava meus filhos, que agora o garoto está com dezessete anos e a menina, com quinze anos. Quando comprei a passagem, fiz duas coisas para avisá-la de quando chegaria. Telefonei para uma pessoa, um dos trabalhadores que fora comigo para o Sul e que estivera na fazenda, éramos muito amigos e é padrinho de meu filho. Ainda bem que foi ele quem atendeu e me prometeu avisá-la. Passei um telegrama para ela, informando dia e hora que chegaria.

— E se ela não estiver esperando?

— Como escrevi, comprarei passagem para a cidade em que meu irmão mora e vou para lá. Depois penso em tentar fazer contato com meus filhos e lhes pedir perdão. Não posso, não quero prejudicá-los.

— Você escreveu para ela dizendo que a amava?

— Sim, mas somente fiz isso nas últimas cartas. Antes, não tinha coragem, porque pensava que iria ficar muito tempo preso e que não tinha o direito de privá-la de refazer sua vida e que, preso, não tinha nada para oferecer.

Calou-se, todos ficaram em silêncio, até que alguém disse:

— Você não disse seu nome.

— De fato não disse e não vou dizer, nomes não interessam. Iremos nos separar e todos nós continuaremos com os nossos problemas e iremos atrás das soluções.

— Você falou da esposa e dos filhos. E seus pais?

— Minha mãe faleceu quando eu tinha cinco anos. Meu pai casou-se de novo e sofremos muito, eu e meu irmão, este que irei encontrar, vou para casa dele se ela não vier me esperar. Nesses anos todos, nos correspondemos. Sofremos muito quando crianças, a segunda esposa de nosso pai nos maltratava. Fomos então morar com minha avó materna. Ela foi nos buscar, morava na cidade a que estou indo. Vovó era uma pessoa boa, nos criou com carinho. Ela faleceu.

Voltou para sua poltrona e, enquanto passava pelo corredor, escutou frases de incentivo:

— Calma! Com certeza, ela virá esperá-lo!

— Confie em Deus!

— Eu também quero falar! – exclamou a mãe das crianças. – Sou Celina! Prefiro não levantar, estou com os dois dormindo, o pequeno está no colo de Marilda. Estou também numa encrenca. Descerei numa cidade antes da capital; lá vou pegar outro ônibus para ir à cidade em que morei, uma viagem de três a quatro horas. Vou contar o que aconteceu comigo. Casei-me muito nova, tinha dezessete anos. No começo do casamento deu certo, mas depois começamos a brigar, e ele me surrava, apanhei muito, tive os dois primeiros filhos. A menina era nenenzinha quando uma amiga minha que tinha vindo para o Sul se deu bem, arrumou um bom emprego; viera visitar a família e me convidou para vir com ela, que me arrumaria um emprego e disse que poderia deixar meus filhos numa creche. Pensei em fugir, mas contei para ele, meu marido, que escutou calado, somente não contei o dia que iria embora. Penso que ele ou não acreditou ou que naquele momento não ligou. Aproveitei que ele fora trabalhar, escrevi uma carta de despedida e vim embora. Essa amiga pagou para mim toda a despesa, ela não se conformava de eu apanhar e meus pais não me aceitarem de volta. Na cidade grande arrumei um emprego de doméstica e creche para os dois. Quis sair, passear, me divertir, uma senhora ficava com as crianças e minha amiga e eu íamos a bailes aos sábados. Morava com ela. Conheci, num desses bailes, um homem que tinha um bom carro, era educado e começamos a namorar, fiquei grávida. Ele aceitou numa boa, me levou para morar com ele, era uma casa pequena na periferia, alugara mobiliada, era confortável e bonita. Ele não gostava dos meus filhos, mas nunca os maltratou, falava que somente queria a mim. Encontrou uma solução. Perto de nossa casa, numas oito casas da que morávamos, residia uma senhora sozinha. Ela ficaria com os dois, recebendo por isso muito bem e o tempo todo. Saí do emprego e fiquei de vez com ele. Via meus filhos duas vezes por dia, dava banho, alimentos; a senhora era bondosa e cuidava bem deles. Essa minha amiga gostou que me mudara e passamos a nos ver pouco. Morávamos distante, e ela, pelo trabalho, estava viajando muito. Esse homem, meu companheiro, tinha horários diferenciados de trabalhar, normalmente saía de casa às dezesseis horas e voltava às duas ou quatro horas da manhã. Ele me dizia que trabalhava vendendo carros e que seus clientes queriam ser atendidos em horários noturnos. Continuava gentil, educado e me dava dinheiro. Achando que meus filhos não entenderiam, não contei que estava grávida. Fiz um belo enxoval, tive a criança num hospital. Tudo deu certo. Fiquei sem ver meus filhos uma semana, disse que fora viajar com minha patroa. Para eles, eu continuava trabalhando como empregada. Nesse tempo não deixei de dar notícias minhas para meus pais e para meu esposo, que considerava ex. Escrevia pelo endereço dessa amiga. Para todos os meus familiares, eu continuava trabalhando, e uma senhora cuidava das crianças para mim. Mandava fotos das crianças. Meu marido escrevia pedindo para que voltasse, que me amava e prometeu nunca mais me bater. Até meus pais pediram para voltar e que eles me defenderiam se precisasse. Respondia que estava bem, mais responsável, que trabalhava muito e estava ajuizada. Não contei que arrumara outra pessoa com medo do meu ex-marido. Foi há dois meses que notei que meu companheiro estava preocupado, ele explicou que era pelos negócios. Há dois dias ele me acordou quando chegou, às duas horas e cinquenta minutos da madrugada. "Preste atenção, Celina, você deve ir embora logo desta casa. Pegue suas coisas, comprei aquele jogo de malas, são quatro. Arrume suas roupas e as do nenê, vá para a casa onde seus filhos estão, leve duas malas e peça para a senhora arrumar as roupas deles. Às seis horas, um táxi a levará até o centro da cidade, perto da catedral; fique lá uns dez minutos,

pegue outro táxi, vá para um hotel e depois saia da cidade."
"O que aconteceu?", quis entender. "Brigas, disputas, e tenho
medo de alguém vir aqui para maltratá-los. É melhor você
não saber o que está acontecendo. Depois de dez dias, telefone para este número que receberei o recado e entrarei em
contato com você. Talvez mudaremos de cidade. Você entendeu?" "Não sei." "Faça o que estou pedindo, por favor, por
Deus." Ele estava apavorado e vi um revólver na sua cintura.
Prometi fazer o que ele pedira. "Aqui está uma quantia de
dinheiro. É muito. Dará para as despesas, e guarde o resto
para quando precisar." Beijou-me e também o nenê e saiu.
Levantei-me, estava aflita e senti medo. Troquei de roupa, saí,
olhei a rua, estava deserta. Fui à casa da senhora, bati na janela, ela acordou e abriu a porta para mim. Falei que teria de
viajar, que minha mãe estava muito mal e que levaria meus
filhos, que passaríamos com um táxi às seis horas para pegá-
-los e para ela colocar todas as roupas deles naquelas duas
malas e, se desse, alguns brinquedos. Paguei-a e dei uma gor-
jeta. Voltei para casa e arrumei tudo o que queria levar. Estava
pronta antes das seis horas e aflita por não saber o que estava
acontecendo. O táxi chegou no horário, e passamos na casa
da senhora, que também deixou tudo arrumado. O motorista
me deixou na frente da catedral e ele disse que já estava pago.
Fiquei em um canto com as quatro malas, quatro mochilas e
três crianças, com o pequeno no colo. Meu filho perguntou:
"Quem é esse nenê?" "O filho de minha patroa", respondi. Esperei dez minutos para pegar outro táxi. Dois moradores de
rua me ajudaram carregando as malas até o ponto de táxi,
dei-lhes dinheiro. Fui para a casa dessa amiga, que levou um
susto ao me ver. Expliquei de forma confusa, eu também não

entendia o que estava acontecendo. Ela me deixou ficar, mas logo saiu, tinha de trabalhar. Eram nove horas quando ela telefonou e pediu para ligar a televisão num determinado canal. Liguei, estava passando um noticiário e dando a notícia de uma disputa entre bandidos de duas facções e que houvera muitos mortos. Apareceram fotos dos que haviam morrido. Desespero, surpresa, ele estava entre os bandidos falecidos. Chorei escondido, fiz almoço, alimentei as crianças e senti medo. Minha amiga tinha recebido duas cartas para mim. Uma era de meus pais, implorando para que eu voltasse, e a outra do meu marido, pedindo também. Minha amiga foi almoçar. "Celina, estou preocupada." De fato, ela estava apavorada. "Nessa disputa, seu companheiro deve ter previsto mortes. Ele nos enganou, era um bandido perigoso. Ele afastou você de lá, da casa em que moravam, por medo. Esse tiroteio começou às quatro horas da manhã e foi até às sete horas. Pelo que escutei no rádio, morreram doze homens e todos os bandidos, traficantes e assassinos. Com certeza, se ficasse na casa, correria perigo." "Ele morreu!", lamentei. "Estou com medo, nunca senti tanto medo assim." Minha amiga chorou. Estava com as duas cartas nas mãos. "Eu as li!" "Ia lhe entregar no sábado e, quando chegou aqui, esqueci." "Eles querem que eu volte", contei. "É a solução. O melhor que tem a fazer. Lá é longe; depois, você não pertencia ao grupo e penso que eles não se darão ao trabalho de ir atrás de você. O outro bando também teve perdas, e a polícia está atrás de todos. Você deve ir, e rápido. Desculpe-me, estou com medo, sinto-me insegura e não os quero aqui. Vou agora à rodoviária comprar as passagens para vocês no primeiro ônibus que tiver. Viajarei amanhã cedo e quero deixar o apartamento fechado. Por favor, deixe as cortinas fechadas, não se aproximem das janelas, não abra a porta para ninguém." Dei dinheiro para ela comprar as passagens. À noite, ela chegou e contou que comprara duas passagens para o dia seguinte. À noite, pelo noticiário, vimos na televisão e ouvimos pelo rádio a confirmação: meu companheiro falecera com vários tiros, e o nome dele era outro. No dia seguinte, acordamos cedo, minha amiga se despediu e jurou novamente nunca contar, e a ninguém, que o nenê era meu filho. Para todos, a história dos bandidos era do marido de minha patroa e que ela me dera o filho. Reorganizei as malas e fomos para a rodoviária. Senti-me mais tranquila quando percebi que ninguém estava atrás de mim. Penso que meu companheiro temia que o grupo rival se vingasse dele em nós, em mim e no filho.

Celina deu por encerrada sua narrativa.

Não houve comentários por estarem chegando à rodoviária e no horário, às nove horas. Marilda estava com o pequenino no colo e as duas crianças estavam dormindo. O senhor Agnaldo, que estava sentado ao lado de Bruno, pediu:

— Vou descer; cheguei, graças a Deus. Mas estou curioso, queria saber se a esposa do homem que foi preso irá esperá-lo. Tenho aqui estas fichas telefônicas e aqui está meu cartão com o telefone da casa do meu irmão, onde ficarei. Por favor, telefone para mim e me conte o desfecho deste caso. Estarei esperando.

— Telefono, sim – Bruno pegou as fichas.

Desceram. Bruno viu Maria das Graças, com os filhos, e Marilda, com o nenê no colo, telefonarem. Ele também ligou para a mãe; no horário estava trabalhando na padaria. Pediu para chamá-la e, para não a preocupar, disse logo:

— Mamãe, estou bem. Devo chegar à noite. Paramos numa rodoviária. Fique tranquila, a viagem está sendo muito boa. Amo-a! Beijos!

Bruno sentiu a mãe contente.

— Também amamos você. Estamos bem, e continue se cuidando.

Novamente no ônibus, desceram oito passageiros e não entrou ninguém. Bruno viu Maria das Graças com os filhos conversarem com Celina, depois Maria das Graças se levantou e disse:

— Conversei com meu marido por telefone. Nós dois sempre quisemos ter muitos filhos e não pudemos tê-los. Mas temos dois que são anjos para nós. Quando fiquei doente, e a doença se agravou, meu marido fez uma promessa: se eu sarasse, adotaríamos uma criança. Propus a Celina nos dar o nenê. Ela aceitou. – Virou para as duas crianças e afirmou: – Sou a mãe do nenê, agora ele ficará comigo. Sua mãe, Celina, trabalhava para mim e o bebezinho estava acostumado com ela. Agora ficará comigo.

Maria das Graças continuou de pé e olhou para a jovem mãe, que confirmou:

— Aceitei a solução – lamentou –. Penso que é o melhor que tenho a fazer.

— E se você for novamente espancada? – quis saber uma moça.

— Penso que tudo que eu passei me fez modificar. Meu esposo é honesto. Não o traí, porém era leviana, flertava com alguns homens, não trabalhava, deixava o serviço de casa sem fazer, ficava muito nas ruas. Nada justifica a violência, mas agora farei minha parte, quero ser uma boa esposa. Penso que aprendi a dar valor à honestidade, aos filhos; amadureci depois que senti muito medo de ser morta com um filho. Envolvi-me com um bandido que era assassino, um homem cruel, embora nunca tenha sido para mim. Estou tomando essa atitude, mas terei uma chaga no peito que penso que não cicatrizará.

— O que fará com o dinheiro?

— Já gastei uma parte, o resto guardarei e usarei aos poucos ou numa necessidade. Direi que viajei com minha patroa até certa cidade.

Calaram-se. O ex-presidiário estava mais nervoso, algumas pessoas tentaram acalmá-lo.

Ao chegar na cidade que ia descer, ele se levantou, foi à frente e ficou em pé, ele tremia. Ao parar na plataforma, ele gritou:

— É ela! São eles!

Todos olharam. Uma senhora risonha e dois adolescentes, um rapaz e uma mocinha olhavam para o ônibus. A porta se abriu, ele desceu e correu ao encontro deles e foi abraçado pelos três. Os quatro choraram. Muitos passageiros choraram também. Bruno enxugou as lágrimas. A família ficou abraçada por uns trinta segundos, depois foram embora conversando. Ele se virou para trás e abanou a mão se despedindo. Os passageiros ficaram em frente ao ônibus conversando.

Como prometera, Bruno telefonou para Agnaldo, seu companheiro de banco, e contou que não somente a esposa viera, mas também os dois filhos, e que foram embora contentes.

Bruno viu Maria das Graças e os filhos pegarem suas bagagens e a do nenê, iriam desembarcar. Viu Celina dar um beijo no filhinho e enxugou o rosto; depois, de mãos dadas com os outros, foi para o restaurante. A parada seria de mais tempo para o almoço. A senhora e os dois filhos, agora três, despediram-se dos passageiros que encontraram. Bruno não os viu mais.

O motorista seria novamente trocado, o que deixaria o trabalho conversava com o outro, Bruno se aproximou e escutou:

— Desceram seis passageiros e vão entrar doze. Porém terá três lugares vagos. Uma senhora com dois filhos e um nenê desceram antes. Eles compraram as passagens para descer às dezesseis horas.

"Maria das Graças deve ter sentido receio de Celina se arrepender. Como não falou o nome da cidade em que reside, para todos, será esta em que desembarcaram. Talvez eles tenham se afastado da rodoviária para voltar e pegar outro ônibus ou o pai vir buscá-los."

— Motorista, em todas as viagens se conversa assim, muito? – Bruno, curioso, quis saber.

— Normalmente não presto atenção nas conversas dos passageiros. Fico atento mesmo é à estrada, que está esburacada e, em muitos lugares, sem acostamento. Às vezes eles conversam; em outras viagens, não. Agora, depois do almoço, normalmente ficam calados e dormem.

Um grupo de passageiros ficou perto do ônibus conversando, todos gostaram do desfecho do ex-presidiário como também da adoção do nenê. Entraram no ônibus, uma senhora sentou-se perto de Bruno. Cumprimentaram-se. Ele acomodou-se e dormiu até chegarem a uma outra rodoviária. Ali desceram muitos passageiros e junto deles a mãe com as duas crianças. Entraram outros. Bruno estava cansado. Às cinco horas, nova parada e desceram mais alguns. Bruno ficou sozinho no banco. Rosa Maria foi se sentar ao seu lado.

— Posso me sentar aqui? A pessoa que se sentou ao meu lado está cheirando a bebida e cigarro. Importa-se?

— Claro que não, é um prazer.

— Como escutamos histórias...

— Foi a senhora quem começou – Bruno sorriu.

— Sempre que posso, principalmente em viagens longas, faço isso, e o resultado são problemas resolvidos.

— Tem razão, concordo, falar para desconhecidos é mais fácil e temos sempre quem dá bons conselhos. Ainda bem que foram solucionados alguns.

— Tomara que Celina, que foi leviana e recebeu uma lição, fique acomodada e respeite o esposo. Mas será que ela esquecerá o filhinho? Doou com facilidade.

— Espero que ela não se arrependa de ter doado, porque seus novos pais e irmãos não o devolverão com facilidade – opinou Bruno.

— Penso também assim. Ela e nós não ficamos sabendo onde eles moram – Rosa Maria suspirou.

Nova parada, pessoas desceram, outros entraram. Ficaram calados, e Bruno dormiu. O ônibus entrou numa cidade de porte médio e se dirigia à rodoviária. Rosa Maria iria desembarcar ali e, antes de descer, lhe deu uma preciosa lição:

— Bruno, se todos nós tivéssemos consciência da força que temos e se fizéssemos uso dessa força, seríamos capazes de fazer o que quiséssemos, e podemos desenvolver essa força porque ela é um dom da capacidade humana. Por isso, menino, faça bem feito o que tem de fazer.

— Parece que conheço essa citação. A senhora é espírita?

— Não, mas gosto de ler as obras espíritas. Esse ensinamento me veio à mente para repetir para você, está no livro *O Evangelho segundo o espiritismo*.[2]

Despediram-se.

"Com pessoas assim, o mundo seria melhor!", pensou Bruno.

Logo após outra parada, a próxima seria na capital, e o ônibus lotou. Conversas, tosses, resmungos.

Chegou ao seu destino. A rodoviária era enorme e estava com muito movimento. Bruno pegou suas malas e entrou no meio da multidão. Eram dezoito horas e quarenta e seis minutos.

---

2. NAE: O texto é de fato do livro citado, de Allan Kardec, capítulo 19, item 12, último parágrafo. Porém Rosa Maria falou com as palavras dela.

Se todos nós tivéssemos consciência da força que temos e se fizéssemos uso dessa força, seríamos capazes de fazer o que quiséssemos, e podemos desenvolver essa força porque ela é um dom da capacidade humana.

3

A chegada

3

ARRASTANDO AS DUAS MALAS E COM A MOCHILA NAS costas, foi se informar sobre os horários de ônibus que teria de pegar para a cidade em que ficava o cartório, a que tinha de ir. Logo encontrou o guichê e então soube que o próximo ônibus seria no outro dia, às cinco horas e trinta minutos. A moça informou que somente eles faziam aquele trajeto e que o percurso era de mais ou menos três horas, porque o veículo parava muito pelo caminho. Disse também que não poderia vender as passagens, estas seriam vendidas somente trinta minutos antes. Bruno agradeceu e resolveu se alimentar, escolheu um restaurante. Não tinha muitas opções, mas gostou de comer comida em vez de lanches.

Telefonou para sua mãe para dizer que tudo estava bem e para saber deles.

"Vou ter de passar a noite aqui, mas onde?"

Escolheu uma poltrona que estava encostada na parede,

colocou uma mala em cima da outra à sua frente e colocou os pés nelas; a mochila, deixou na poltrona com ele. Ficou olhando as pessoas. Umas passavam apressadas, outras pareciam preocupadas, e algumas demostravam estar contentes.

"Pessoas passam por aqui, umas alegres por viajar e também por rever quem chegará, outras tristes por se despedir." Lembrou-se de Márcia. "O que será que ela está fazendo? Deve, a essa hora, estar em casa. Engraçado, não estou lembrando muito dela. Também, com tantas coisas que aconteceram na viagem..."

Sentaram-se, nas poltronas perto dele, um casal com três filhos, crianças de sete a onze anos.

— Temos de passar a noite aqui. Nosso ônibus sai às cinco horas – o homem olhou para Bruno, cumprimentou-o.

— Eu também terei de passar a noite aqui – Bruno sorriu.

— Podemos nos fazer companhia – disse o homem.

— Aqui, nesta região, clareia muito cedo, por isso muitas viagens têm horários de madrugada – elucidou a mulher.

Começaram a conversar. Bruno falou de onde viera e para onde estava indo.

— Nós vamos para a casa de nossos avós – contou o garoto mais velho –. Estamos com saudades. Na cidade a que iremos, moram muitos dos nossos familiares, meus avós maternos e paternos. Os quintais das casas são grandes, é muito gostoso brincar.

— Logo que nos casamos – lembrou o pai –, fomos embora da cidade, queríamos uma vida melhor, aventuramo-nos. Graças a Deus deu certo, temos bons empregos e visitamos as famílias nas férias.

Ficaram conversando, ora eram as crianças que andavam

pela rodoviária, ora o casal. Bruno também resolveu caminhar, deixou a bagagem e andou pelo corredor à frente. O movimento foi diminuindo.

— É melhor dormir, o tempo passa mais rápido – opinou a mulher.

— Estou com receio de não acordar e perder o ônibus – Bruno se preocupou.

— Trouxe um despertador – o homem tirou-o da mochila e mostrou para Bruno –. Coloco para despertar para nós.

— Não se preocupe – a mulher o acalmou –, aqui tem sempre pessoas indo e vindo, tem também vigias e logo cedo começa o movimento. As viagens normalmente são a partir das quatro horas e trinta minutos. O barulho nos acordará.

O casal estava com malas, pacotes e mochilas; sentaram-se um em cada ponta, colocando as bagagens entre os filhos. Ficaram: o pai sentado; na poltrona ao lado, malas; um filho; pacotes; a filha; mais bagagem; outro filho; a mãe; uma cadeira vaga; e Bruno. Para ficar mais acomodado, Bruno colocou na cadeira vaga sua mochila e continuou com os pés em cima das duas malas.

Tentaram dormir; os três adultos passaram por cochilos, mas as crianças dormiram. O despertador tocou. Bruno foi ao sanitário com os dois meninos; depois foram a mãe, a menina e o pai. Compraram as passagens, depois tomaram café, se despediram e foram para as plataformas. O ônibus em que Bruno viajaria estava quase lotado: uns passageiros conversavam, outros permaneciam calados. E foi parando... três paradas ainda na cidade para que entrassem pessoas. Bruno entendeu que muitos trabalhavam pela região. Ele contou, o ônibus parou sete vezes na estrada. Chegou à cidade do cartório. Ali não havia rodoviária, somente um local de parada; a cada vez que o veículo parava, o motorista anunciava o local, e era ele também que cobrava dos passageiros. Bruno desceu e pegou sua bagagem. Ficou parado por uns instantes, viu um homem que devia trabalhar ali e perguntou a ele onde era o cartório.

— Já lhe mostro, espere um instante, deixe o ônibus sair.

O homem conversou com o motorista, entregou-lhe um papel. Com a partida do ônibus, ele se dirigiu a Bruno.

— Então quer saber onde é o cartório?

— Sim, senhor, preciso ir lá.

— É fácil; se você andar dois quarteirões por esta via – o homem mostrou o lado –, verá uma praça e, do lado direito, está o cartório. Não tem como errar porque há uma placa grande à frente.

Bruno agradeceu e, puxando as duas malas e com a mochila nas costas, rumou para o local indicado. A praça era bonita, com canteiros floridos, árvores e bancos. Viu a placa e se dirigiu para lá. Estava fechado, aguardou na porta. Não esperou muito, uma senhora chegou, cumprimentou-o e abriu a porta.

— Pode entrar, moço! O que deseja no cartório?

Ele entrou, colocou as malas para dentro, viu um bebedouro e, com um sinal, pediu para tomar água; a senhora permitiu, e então ele se apresentou:

— Sou Bruno, aqui está a carta que recebi de vocês.

A senhora pegou a carta e sorriu:

— Então é o afilhado do senhor Severino. Aguarde por uns momentos, por favor.

Entrou na outra sala e telefonou.

— Sim, senhor – Bruno a escutou –. É o próprio. O senhor vem? Certo!

Voltou à frente e informou:

— A pessoa que o atenderá virá logo. Se quiser, pode se sentar.

— Obrigado, ficarei de pé. Senhora, como faço para ir à outra cidade, para o sítio?

— É fácil, temos sempre, perto do mercado, alguém que vá para aqueles lados. São pequenos agricultores que trazem seus produtos para vender aqui nesta cidade. Eles vêm e voltam, poderá pegar uma carona facilmente. Mas, se preferir, temos dois táxis na cidade que o levarão para lá.

— Obrigado!

A senhora começou a limpar o balcão e, em quinze minutos de espera, chegou um senhor, que se apresentou. Ele era o responsável pelo cartório. Chamou Bruno para entrar na outra sala, convidou-o a sentar e informou:

— O senhor Severino fez um testamento há sete anos. Por duas vezes ele veio aqui para conferir se tudo estava em ordem e atualizar seu endereço para que fosse avisado. Quando faleceu e fomos avisados, escrevemos para você. – Ele pegou os documentos de Bruno: – Está tudo em ordem, você é o herdeiro, seus documentos estão corretos, e você agora é o novo proprietário. Tem de assinar estes papéis.

Bruno fez tudo o que foi ordenado.

— Ele faleceu há três meses! – o moço admirou-se.

— Sim, foi – justificou o trabalhador do cartório vendo-o admirado –. O senhor Severino morreu nesta data. É que fomos informados, tivemos de ir à outra cidade para verificar, rever a documentação e, somente com tudo certo, o avisamos.

Bruno agradeceu, pegou suas malas e foi para a frente do mercado, preferiu tentar a carona e não gastar com o táxi. Aproximou-se do mercado, era pequeno e tinha uns dez homens na frente conversando, todos o olharam, e entendeu que ali não tinha muitos forasteiros; resolveu então se apresentar e contar por que estava ali e para onde iria.

Escutou alguns comentários.

— Será que alguém pode me dar carona para ir ao sítio?

— Se me esperar, dentro de trinta minutos, irei para aqueles lados, posso lhe deixar perto do sítio do finado Severino – disse um homem.

— Muito obrigado, espero sim.

Viu um orelhão e telefonou para a mãe, somente avisando que tinha chegado e que estava bem.

Comprou uns salgados, pães, bolachas, um galão d'água mineral e esperou. De fato, trinta e cinco minutos depois, o senhor o chamou, ajudou a colocar os pertences dele atrás da camionete, e partiram.

— Chamo-me Claudinei, moro por aqueles lados; venho aqui, nesta cidade, duas vezes por semana, trazer ovos e verduras, vendo-as para negociantes do mercado. Então você é o afilhado do senhor[3] Severino? Pretende residir lá? Cuidar do sítio?

— Penso em conhecê-lo, depois não sei, talvez o venderei. Não está nos meus planos morar longe da família.

---

3. NAE: Nessa região, se falava, para "senhor", "seu", como também se usava de vocabulário peculiar, típico do local; preferi, para melhor entendimento, usar termos que costumo escrever.

Sentiu Romoaldo perto, que recomendou:

"*Preste atenção ao que fala; de jeito nenhum diga que aqui é o fim do mundo, isolado ou algo assim.*"

— Família é importante – concordou Claudinei.

— Gosto muito dos meus pais, da minha mãe. Eles estão velhos, não posso abandoná-los.

— É isso mesmo. Se é assim, então pode ser que venda o sítio.

— Ainda não sei o que farei, nem conheço o sítio. O que o senhor faria no meu lugar? – perguntou Bruno.

— O sítio é bonito, não conheço a casa, que deve ser boa. Porém se tem problema com a família e não quer morar longe deles, você deve mesmo pensar. Mas talvez, ao conhecê-lo, mude de opinião e fique por aqui.

Bruno abriu a boca para falar que não achara nada ainda atraente, mas a fechou ao sentir Romoaldo perto, lembrou de suas recomendações.

— Penso que é difícil não se apaixonar por este lugar! – suspirou.

— É verdade, aqui tudo é muito bonito, sossegado e de pessoas amigas.

Mudaram de assunto, falaram sobre o tempo e da família de Claudinei. Bruno viu um pequeno aglomerado de casas.

— Aqui é a nossa cidade! – Claudinei se entusiasmou. – Ali está a igreja, a praça, temos lojas, um posto de saúde e um médico duas vezes por semana.

Bruno olhava tudo o que lhe era mostrado, ainda bem que Claudinei não parara de falar e ele não precisou dar opinião. Saíram da cidade e, depois de uns minutos, ele parou.

— Agora, Bruno, irei por ali; você está perto e, se seguir por esta estrada, encontrará, do lado esquerdo, a casa que foi do seu padrinho.

Bruno agradeceu, pegou as malas e ficou olhando a camionete seguir pela outra estrada.

"Se é perto, por que não me levou até lá?", pensou.

— *Ele não falou que o deixaria perto? Não reclame, é só seguir por ali.*

"Agora estou lembrando que não peguei a chave da casa. Como farei para entrar nela?"

Foi andando, viu uma casa do lado direito.

"Será que é esta casa? O homem mostrou mais para frente e do lado esquerdo."

Saiu da estrada, seguiu pela trilha rumo à casa; ao chegar perto, viu uma mulher na janela.

— Senhora! Senhora! Por favor, pode me dar uma informação?

— Bom dia! O que o moço quer saber?

— A casa do senhor Severino é por ali? – mostrou.

— É, sim, basta andar mais um pouquinho. É o afilhado dele? O que herdou o sítio?

— Sou, sim. Senhora, como faço para entrar na casa? No cartório não me explicaram e não me deram a chave.

— Aqui não acostumamos trancar as portas, fechamos somente para não entrar nenhum bicho. Você vai ficar lá?

— É o que estou pensando.

— Se precisar de alguma coisa, venha pedir; se puder, arrumo para você.

Bruno agradeceu, voltou à estrada e, puxando as duas malas, seguiu caminhando.

"As rodinhas delas com certeza estragarão, mas não tem outro jeito."

O lugar era plano. Caminhou por uns minutos e viu, afastada da estrada, a uns oitenta metros, uma casinha e, para ir até ela, uma trilha. Suspirou aliviado quando chegou. Mas, ao vê-la de perto, ficou confuso.

"Parece mais uma cabana do que uma casa; é pequena, não tem fios, logo não tem eletricidade. Será que está destrancada mesmo?"

Na porta havia uma tranca de madeira, ele a levantou, e ela abriu. A casa tinha três cômodos e, dentro, nenhuma porta, somente os vãos delas. Deixou as malas no chão e a mochila em cima delas, assim como o pacote de coisas que comprara no mercado. Viu duas janelas, abriu-as. Uma janela estava no cômodo onde tinha uma cama; a outra, perto do fogão de lenha. Olhou tudo, observando o lugar.

No cômodo onde havia uma cama de casal, estavam também um pequeno guarda-roupa e uma cômoda. Móveis velhos, mas em bom estado. Na entrada da casa, havia uma mesa com cinco cadeiras; na cozinha, uma pia, um armário, um fogão de uma boca, em cima de um móvel de madeira, e um fogareiro. Tudo estava empoeirado. Abriu todos os armários; no quarto, havia poucas roupas; na cozinha, algumas panelas, pratos e talheres.

"Se eu quero ficar aqui, tenho de limpar."

Viu duas vassouras, panos, baldes e também uma mangueira, uma borracha de água, com um dispositivo de abrir e fechar esguicho, na pia. Abriu e... nada de água.

"Como será que se liga isto?"

— *Vá lá fora* – escutou.

A casa tinha somente uma porta. Bruno foi para fora. Olhou tudo. Havia árvores em volta, contou seis. Do outro lado, nos fundos tinha um galinheiro, mas nenhuma ave. Também tinha uma cobertura.

"Aqui parece ser um local onde ficam cavalos."

— *Ali, para as cabras* – o moço escutou.

Viu uma cisterna. Estava fechada com tábuas de madeira e, no centro, uma portinhola. Abriu e viu água. Saía de dentro da cisterna um cano, que se ligava a uma alavanca, uma bomba para puxar água. Ele manejou a alavanca e ouviu a água subir e passar pelo cano, e este estava encaixado na mangueira, que ia até a casa, passava por um vão na parede e terminava na pia.

— *Agora é só abrir e terá água na pia. Uns minutos bombeando e terá um bom tempo de água.*

Bruno entrou e viu que, de fato, havia água na pia, bastava abrir o dispositivo do esguicho. Varreu a casa duas vezes. Pegou um pano e limpou os móveis. Estava com fome. Pegou o lanche que sua mãe fizera, um bolo e bolachas. Comeu o lanche e também algumas coisas que comprara. Continuou a olhar o que tinha na casa. O fogareiro funcionava com um botijão pequeno e, pelo peso, tinha gás.

Olhou o colchão, estava velho e sujo. Tirou-o da cama, colocou na parte de trás da casa.

"Vou voltar à cidadezinha e fazer umas compras", decidiu.

Foi, agora sem as malas estava bem mais fácil caminhar. Resolveu pedir informação na casa mais próxima.

— Senhora! Senhora! – gritou.

A mulher novamente saiu na janela.

— Chamo-me Terezinha. O que foi, rapaz? Encontrou a casa?

— Sim, senhora Terezinha, encontrei. Estou indo à cidade fazer umas compras. Será que lá posso comprar um colchão?

— Sim. Você deve ir à praça, todas as lojas estão por ali. Está acostumado a andar? É uma boa caminhada até a cidade.

Pareceu para Bruno que era perto.

"Vim de camionete", pensou.

Ao vê-lo indeciso, Terezinha ofereceu:

— Sabe andar de bicicleta? Sabe! Posso emprestar uma que temos.

Saiu da janela e logo veio com uma bicicleta que, embora fosse velha, estava em bom estado.

— Muito obrigado. Devolverei na volta.

Saiu pedalando rumo à cidadezinha.

"Que lugar! Ela nem me conhece e me empresta a bicicleta, a casa do meu padrinho estava fechada, mas destrancada, e, pelo que notei, ninguém mexeu em nada."

Foi pedalando que percebeu que a cidadezinha não era tão perto como pensara. Chegou à praça, procurou, viu uma loja de móveis e foi para lá; um senhor muito gentil o atendeu, mas quis saber quem ele era. Bruno resolveu não deixar ninguém curioso e contou tudo. Escolheu um colchão de solteiro, embora a cama fosse de casal. Comprou travesseiro. O proprietário iria entregar, e logo. Bruno resolveu ir para o sítio, de carona. Esta cidadezinha tinha também uma praça, e tudo ali estava à sua volta. Uma igreja pequena; na praça, uns bancos, onde viu alguns senhores sentados conversando. Bruno percebeu que era o alvo das conversas. Foi a outra loja e comprou pilhas, uma lanterna, velas, querosene para colocar no lampião e comprou também alimentos; em cada lugar que ia, repetia seu nome, quem era etc.

Voltou à loja de colchões com suas compras e o proprietário o esperava com um caminhão pequeno; ele colocou a bicicleta e suas compras atrás, entrou na frente e partiram. O senhor aproveitou para saber dele, onde morava, o que fazia etc.

"Está me questionando. Como Romoaldo me recomendou, devo elogiar o lugar."

O senhor ficou satisfeito. Bruno pediu para parar na frente da casa da dona Terezinha e devolveu a bicicleta. Na frente da casa do seu padrinho, agora sua, o senhor ajudou-o com o colchão. Bruno pegou suas compras e agradeceu.

Colocou as compras no lugar, o colchão na cama, pegou a roupa de cama que sua mãe colocara na mala e a arrumou.

"Agora tomo banho, alimento-me e vou dormir. Estou cansado! Onde tomo banho?"

Saiu da casa; do lado esquerdo, onde da estrada não se conseguia ver, havia uma casinha, um fechado de tijolo com uma porta de madeira, local pequeno, onde havia uma latrina, e, ao lado, um cercado de madeira, sem cobertura, parecia ideal para tomar banho. Era somente pegar o esguicho, a mangueira e tomar um banho, mas frio. A temperatura estava agradável, mas a água da cisterna era gelada. Esquentou então a água na boca do fogareiro, numa panela grande. Foi ao quadradinho, lavou-o, deixando bem limpo, colocou sabonete e xampu. Tirou a roupa e amarrou a toalha na cintura; carregando o balde d'água e uma caneca, foi para o quadradinho e tomou banho. Sentiu prazer em se banhar, estava se sentindo incomodado, necessitado de um banho.

"São pequenas coisas, como um banho, mesmo que seja de caneca, para as quais às vezes não damos valor e que são tão prazerosas!"

Dentro da casa, trocou-se. Fez um gostoso lanche. Ali escurecia mais cedo como também clareava. Fechou a casa, colocou uma cadeira encostada na porta. Acendeu o lampião. Orou e escutou Romoaldo.

— *Faça a oração em voz alta!*

Bruno fez, agradeceu pela viagem, por tudo e pediu para Jesus o abençoar.

Deitou-se e se esticou, deliciando-se com esse movimento. Não quis ficar no escuro, deixou o lampião com a claridade no mínimo, em cima da mesa.

Dormiu.

Acordou com a claridade entrando pelos vãos da janela. Orou como sempre fazia e se levantou.

Fez café no fogareiro, comeu o bolo que sua mãe fizera.

— O que irei fazer agora? – perguntou para si mesmo. – O melhor é limpar tudo, e muito bem.

Arrastou os móveis, limpou dentro deles. E surpresa! Encontrou, dentro de uma gaveta, um revólver e munição.

— Isto fica aqui! Não gosto de armas. Talvez, por morar sozinho e isolado, padrinho Severino tivesse uma arma.

Deixou-a onde estava. Duas horas depois, tudo estava limpo.

Escutou um barulho, saiu à frente da casa e viu se aproximarem pela trilha Terezinha e um homem, que Bruno concluiu ser seu marido.

Recebeu-os com carinho, convidou-os a entrar, mas eles preferiram ficar em frente à casa.

— Como vizinhos mais próximos – disse Claudino –, viemos perguntar se precisa de alguma coisa.

— Queria aprender a acender o fogo do fogão. Podem me ensinar como se faz isso? – pediu ele.

Entraram, o casal olhou tudo, pareciam curiosos.

— Ali estão as lenhas – mostrou Claudino um canto perto do fogão –. Lá fora tem mais.

— Você as coloca assim – ensinou Terezinha –, uma tora em cima da outra; depois coloque estes galhos secos; se tiver papel, ponha-os aqui. Fica mais fácil se jogar um pouquinho de álcool; risque o fósforo de longe e jogue. Pronto, o fogo está aceso.

— Obrigado! Vou colocar água para esquentar e cozinhar feijão.

Pegou uma panela, encheu-a de água e colocou no fogão.

— Bruno, você não quer ficar com a nossa bicicleta? Podemos emprestá-la – ofereceu Claudino –. Será mais fácil para você se locomover por aí.

— Aceito e agradeço.

O casal saiu da casa.

— Vou pedir para meu neto trazer a bicicleta para você.

Despediram-se, e o casal foi embora. Bruno escolheu o feijão e colocou para cozinhar. Planejou fazer de almoço arroz, feijão, salada e ovos fritos.

Escutou barulho, trote de cavalos, foi para fora da casa e viu um homem montado num cavalo e puxando outro. Bruno esperou ele se aproximar e o cumprimentou, ele respondeu ao cumprimento e se apresentou:

— Sou seu vizinho – mostrou a frente da casa –, é só seguir pela estrada, do lado direito, que encontra a sede da minha fazenda. Chamo-me Ariovaldo. Já sei quem é: Bruno, o afilhado de Severino. Como está?

— Bem, obrigado. Não quer descer, entrar?

— Não, agradeço. Vim aqui para devolver o cavalo. Este animal era de Severino e, como você é herdeiro dele, então lhe pertence. Foi assim que aconteceu: Severino faleceu, ele tinha umas cabras, galinhas e este cavalo. Animais não podem ficar sem comer, aí pessoas os pegaram. Eu fiquei com este cavalo e tratei bem dele, que me serviu, trabalhou. Agora estou devolvendo.

— É muito honesto da sua parte e...

Bruno ficou sem saber o que fazer. Escutou:

— *Pergunte a ele se não quer comprar o cavalo.*

— O senhor não quer comprar o cavalo? – Bruno repetiu.

O moço aproximou-se e passou a mão na cabeça do animal, afagando-o.

— É um belo cavalo! – exclamou.

— Sim, é – Ariovaldo foi lacônico.

— O seu também é um belo cavalo!

— Esta é égua!

— Ah, sim, é claro. Então quer comprá-lo?

— Quanto quer por ele?

Bruno não fazia a menor ideia de quanto valia um cavalo.

— *Pergunte quanto ele dá por ele.*

Fez a pergunta, escutou a resposta e ouviu:

— *Peça um pouco mais.*

Ele repetiu. Ariovaldo fechou o negócio.

— Compro, levo-o de volta e mando um empregado lhe trazer o dinheiro.

— Desculpe-me perguntar: ele trará logo? É que quero sair.

— Será rápido. Bom dia!

Foi embora e, logo após, o neto de Terezinha chegou com a bicicleta. Bruno agradeceu e lhe deu um doce.

Foi preparar os alimentos para fazer o almoço. De fato, logo o empregado foi levar o dinheiro. Bruno pensou em conferir, mas escutou:

— *Não faça isso. Pegue e agradeça.*

Ele o fez. Entrou e conferiu o dinheiro. Estava certo.

"Romoaldo," chamou-o em pensamento, "estou escutando mais alguém?"

— Desencarnado? Sim, seu padrinho Severino. O melhor é conversar com ele.

Bruno ficou indeciso; achando ser cedo para fazer o almoço, resolveu ver o que tinha no sítio, nem sabia ainda onde ele começava ou acabava. Viu atrás da casa uma escada, pegou-a, conferiu se estava firme, colocou-a encostada no tronco da árvore mais alta, que, somente após uns dois metros e meio, ramificava. Subiu nos galhos e olhou para todos os lados. De lá viu a casa de Terezinha; à frente, outras casas, seis com uma grande, que julgou ser a casa de Ariovaldo. Nos fundos, um terreno grande, que deveria ser para alguma plantação.

— *O que faz aí em cima?* – escutou.

— Olho a propriedade – respondeu.

Desceu. Fez o almoço, alimentou-se, guardou o resto para o jantar.

"Fiz muita comida, não tem geladeira, logo não tenho onde guardar. Se tivesse galinhas, daria para elas. Amanhã faço menos."

— *Não se pode jogar comida fora. Afilhado, você ainda não sabe de que eu morri* – queixou-se a voz.

— De fato não sei, mas vou saber.

Pegou a bicicleta e foi pedalando até o local onde tinha umas plantas baixas. Viu muitas abóboras.

— São muitas! Estou agora curioso. De que será que o padrinho morreu?

— *"Padinho"!*

— Padrinho! – Bruno corrigiu.

Foi à casa dos vizinhos e gritou na porta.

— Dona Terezinha!

Ela saiu na janela e, antes de ela perguntar o que ele queria, Bruno disse:

— No sítio tem muitas abóboras. Penso em comê-las todos os dias. Mas são muitas. A senhora não as quer?

— Por aqui temos muitas abóboras e as damos para os animais. Galinhas gostam. Já que ofereceu, Ariovaldo irá buscá-las mais tarde.

— Dona Terezinha, de que meu padrinho morreu?

— Seu padrinho... – Terezinha ficou indecisa, fez uma pausa e depois completou: – "balado"!

Foi a vez então de Bruno ficar indeciso; não entendeu.

"O que será que ela quis dizer?"

— Foi "balado"? Baleado? Como? – perguntou Bruno.

— Morto! Foi "mortado"! Atirado! Entendeu?

— Meu padrinho foi assassinado?!

— Foi morto, alguém baleou ele. Atirou! – Terezinha ficou nervosa. – Tenho agora de olhar um bolo. Até logo!

Bruno voltou para a casa. Colocou a bicicleta à frente. Sentou-se numa cadeira.

— O senhor, padrinho, morreu matado. Assassinado!

— *Fui e quero que descubra quem me matou.*

— Eu?!
— *Sim, você.*
"Romoaldo, pelo amor de Deus, o que faço?"
— *Faça o que ele pede. Agora leia* O Evangelho segundo o espiritismo, *e em voz alta.*
— Matado! "Balado"! Morto! Assassinado! – resmungou Bruno.

Pegou o livro e o abriu numa página que estava com a ponta dobrada, porque ali estava um texto de que gostava muito. Era o capítulo 8, "Bem-aventurados os que têm coração puro", item 20:

> Nas vossas aflições, volvei sempre para o céu o olhar e dizei do fundo do coração: "Meu Pai, cura-me, mas faze que minha alma enferma se cure antes que o meu corpo; [...]"

— Moço! Afilhado do Severino! Moço!
Escutou chamá-lo lá fora. Interrompeu sua leitura.

Nas vossas aflições, volvei sempre para o céu o olhar e dizei do fundo do coração: "Meu Pai, cura-me, mas faze que minha alma enferma se cure antes que o meu corpo".

4

No sítio

4

— BRUNO! – ELE ESCUTOU CHAMÁ-LO NA FRENTE DA casa.

— Terezinha me contou que você foi lá em casa e ofereceu abóboras. Vim buscar!

— Claro, vamos por ali – mostrou o moço.

Ele percebeu que o vizinho sabia onde elas estavam plantadas.

— Pode pegar, senhor Claudino, quantas quiser. Vamos deixar somente umas novinhas para eu fazer de mistura. Gosto de abobrinhas.

— Estas estão boas para fazer doces – observou Claudino.

— Não sei fazer doces e não vou fazer.

— Desculpe-me a minha curiosidade. Você vai morar aqui no sítio? – o vizinho quis saber.

— Não pretendo. Lá tenho família, meus pais idosos.

— É casado?

Bruno pensou em responder que não, mas escutou:

— *Tem companheira e dois filhos!*

O moço repetiu.

— *Se falar que é solteiro, rápido vão querer casá-lo* – escutou.

— Senhor Claudino, não sabia do que meu padrinho morrera. Ele foi assassinado?

— Sim, foi.

— Pegaram o assassino?

— Não! – Claudino foi lacônico.

— O senhor poderia contar para mim o que aconteceu? Por favor – pediu Bruno.

— Quando acabar de pegar as abóboras, conto.

Bruno o ajudou, ele pegou todas as maiores e maduras. Rumaram para a casa, Claudino empurrando o carrinho. Em frente à casa, ele deixou a carriola e mostrou:

— Vamos ali na estrada.

Foram, andaram por ela alguns metros. Pararam.

— Foi aqui que o encontraram caído. Devia ser cinco horas da tarde. Estávamos jantando quando escutamos um barulho, que nos pareceu, para Terezinha e eu, de arma de fogo. Por aqui, quase todos os moradores possuem armas, mas não caçam, porque não temos animais para caçá-los. Logo depois escutamos gritos. Você deve ter percebido que aqui é muito silencioso e talvez seja por isso que um som mais alto é ouvido a distância. Corremos. Um empregado do senhor Ariovaldo que passava por aqui foi quem o encontrou e gritou pedindo ajuda. Constatamos que ele estava morto, penso que foi pelo tiro que escutamos. Pessoas vieram, um soldado, depois o delegado da cidade vizinha. Eram nove horas da noite quando permitiram levá-lo. Dois moradores da cidade foram à casa dele, pegaram roupas, trocaram-no e, no outro dia, cedo, fizeram o velório e o enterraram no cemitério às duas horas.

— Somente isso? – Bruno quis entender melhor o que ocorrera.

— O que quer você mais saber?

— O assassino foi preso?

— Não prenderam. Ninguém sabe quem foi – respondeu Claudino.

— Roubaram? Houve roubo?

— Penso que não. Com certeza, não foi para roubá-lo. Severino tinha animais, e eles precisavam comer, se não os levassem morreriam de fome. Foram levados, mas depois que ele morreu. Eu não peguei nada.

— O senhor Ariovaldo veio devolver o cavalo – contou Bruno.

— É?! – Claudino se surpreendeu. – O cavalo se destacava, todos sabiam que estava com ele, não é como as galinhas, que são todas parecidas. Cadê o cavalo?

— Vendi para ele.

— Senhor Claudino, até onde vai o sítio do meu padrinho?

Ele mostrou. Pelo que Bruno entendera, se estenderia mais um pedaço para frente, e era maior do lado esquerdo da casa, oposto à estrada.

Claudino foi embora, ele entrou na casa e escutou um choro.

— Por que chora? – perguntou o moço.

— *Seja carinhoso com ele, Bruno* – escutou Romoaldo.

— *Escutei Claudino* – ouviu a outra voz, que entendeu que era do seu padrinho –. *Sabia que eu batera as botas, que empacotara, que morrera, mas não havia entendido bem o que acontecera. Escutando Claudino, fui recordando. Quem será que me matou?*

— Não sei – respondeu Bruno.

— *Mas saberá para mim* – repetiu Severino.

— Eu? Como?

— *Também não sei como, mas você saberá, é inteligente. Foi muito triste escutá-lo. Não sou chorão, mas me emocionei. Vou contar para você o que me lembro daquele dia. Quase todas as tardes, andava por aí. Muitas vezes o fazia pela estrada. Ia observando e, se encontrava alguém, conversava por alguns minutos. Estava andando quando me doeu o peito e caí. Acordei em casa. Não consegui, não consigo sair daqui. Ao escutá-lo, lembrei que ouvi o tiro, e a dor foi do tiro, que me acertou o peito.*

— O senhor não viu quem atirou?

— *Não vi ninguém* – Severino suspirou.

Chorou de novo. Bruno pensou que o melhor era deixá-lo desabafar. Esquentou o jantar, alimentou-se, lavou as louças, fechou a casa, colocou a cadeira na porta, acendeu o lampião. Colocou pilhas no radinho e tentou escutar músicas, mas estava com sono; quando começou a orar, recebeu do seu protetor a intuição para orar alto. Fez uma oração de agradecimento, recitou o pai-nosso e a ave-maria.

Deitou e dormiu. Sonhou, seu sonho foi confuso: sua mãe o acariciava, viu Márcia correndo dele, depois estava no sítio conversando e alguém lhe recomendava a não desvendar o crime, escutou "quem mata uma vez mata duas". Tentou ver o rosto de quem falava e não conseguiu. Acordou cedo, porque fora dormir também cedo. Lembrou-se do sonho, ficou ainda no leito pensando nele; depois, achando que era somente um sonho, não deu importância. Levantou-se, fez o café. Viu o vulto, julgou ser de seu padrinho.

— Padrinho – chamou.

— *"Padrinho", por favor* – escutou.

— Vou à cidade. Irei primeiro à casa dos vizinhos devolver a bicicleta; com o dinheiro que recebi com a venda do cavalo, vou comprar uma bicicleta para mim. Na cidade, vou ao posto policial e indagarei como está a investigação. Quem sabe eles não descobriram quem matou o senhor?

Escutou risada.

— *Afilhado! Você não é mesmo desta terra. Aqui somente se descobre quem matou se o assassino confessar.*

— Vou tentar!

— *É muito cedo para sair, o melhor é esperar mais um pouco* – escutou de Severino –. *Por que não pega aquele envelope que viu na cômoda e dá uma olhada?*

— É do senhor, vi o envelope, não quis abrir, pensei que era particular.

— *De fato, é particular. Se é meu, autorizo que veja.*

Bruno pegou o envelope que estava no fundo de uma gaveta, em meio a peças de roupas. Era um envelope de cor parda, grande e não estava lacrado. Abriu e, surpreso, viu fotos dele e umas cartas de seu pai. Havia sete fotos dele: criança, adolescente e a última, de dois anos antes. Leu as cartas que seu pai escrevera, pareciam respostas, dava notícias de todos, principalmente dele, e até supostos recados. Evitou comentar, até pensar. Concluiu que Severino e seu pai se correspondiam, eram amigos, e que seu genitor não contava nada porque sua mãe não gostava desta amizade. Viu fotos de seu padrinho, dele jovem, adulto e a mais recente, pela data embaixo da fotografia, de cinco anos antes. No envelope estavam também uns documentos dele, certidão de nascimento, título de eleitor, carteira de identidade. Não conhecia seu padrinho, olhou de novo as fotografias dele e comentou:

— O senhor era bonito!

Escutou risada.

— *Quando for acender o fogo, queime tudo* – pediu Severino.

Bruno concordou, afirmando com a cabeça. Achando que já poderia ir, foi se arrumar, pegou a bicicleta e escutou:

— *Vá com Deus!*

— Fique com Deus!

Foi para a casa de Terezinha. Gritou por ela, mas, desta vez, o casal saiu na porta. Após cumprimentos, Bruno informou:

— Vim devolver a bicicleta, vou comprar uma para mim.

— Devolve e irá a pé à cidade? – perguntou Claudino.

— É que depois não consigo trazer as duas.

— Meu neto tem de ir à cidade fazer compras para mim. Ele pode ir com você, na garupa, e volta com ela.

Minutos depois, Bruno seguiu para a cidade com o garoto na garupa, um meninote de treze anos.

— Você se lembra do dia que o senhor Severino morreu? – Bruno aproveitou para começar sua investigação.

— Foi estranho! Assustador! Fiquei impressionado por vê-lo caído na estrada e morto. Nunca tinha visto um defunto assim. Já tinha visto em caixão, no cemitério. Estava na casa dos meus avós quando escutamos gritos, meus avós correram e eu também, fomos ver quem pedia ajuda. O defunto estava com os olhos e boca abertos, sangue pelo peito, caiu com o rosto para cima. Ainda bem que não durmo sozinho, mas num quarto com dois irmãos. Fiquei realmente assustado!

— Você estava jantando quando escutou os gritos?

— Não, vovó ainda estava fazendo o jantar.

— Tem certeza? – Bruno quis a confirmação.

— Claro! Lembro-me de tudo! Tenho boa memória! Estava na área, entrei na casa quando ouvi os gritos, fui à cozinha e não encontrei ninguém, aí vovó entrou na cozinha assustada, estava ofegante, e depois meu avô, e foi então que fomos para a estrada ver o que tinha acontecido. Agora eu pedalo e você vai na garupa.

— Você não escutou os tiros? – Bruno insistiu, estava investigando.

— Não ouvi nada, somente os gritos. Não sei quantos tiros foram, sei que foram dois que acertaram o peito dele.

Bruno gostou de ir na garupa, não estava acostumado a pedalar. Chegaram, e ele foi para o local onde o menino mostrou, uma loja onde vendiam bicicletas.

— Agora vou fazer compras para a vovó.

— Compre algo para você – Bruno ofereceu dinheiro.

— Não posso aceitar; se vovô souber, ele é capaz de me bater.

— O que você gostaria de comprar para você?

— Um boné – o garoto se entusiasmou.

— Compre e fale que fui eu que lhe dei. Não estará mentindo, estou lhe dando o dinheiro. Quanto custa o boné?

O garoto falou o preço, Bruno lhe deu, e ele aceitou contente. Despediram-se. O moço olhou as bicicletas disponíveis, havia três novas e cinco usadas. Escolheu uma usada e comprou. Disse que passaria à tarde para pegá-la. Indagou onde era o posto policial e foi para lá. Na cidade não havia cadeias, prisões nem delegado, somente um posto localizado numa sala pequena, e serviam ali três guardas. Encontrou um deles. Depois de se apresentar, indagou:

— Senhor, vim aqui para saber sobre a investigação do assassinato do meu padrinho Severino.

— Investigação? Qual? – o guarda sorriu irônico.

— O crime. Não está sendo investigado?

— Ah, sim! Houve um crime! Não cabe a nós esse serviço. Aqui tem somente um posto de serviço. Anotamos as ocorrências quando elas existem. Alguém encontrou o corpo, fomos chamados, verificamos, chamamos o delegado, ele veio e, depois de observar tudo, permitiu o enterro. Fizemos perguntas, e ninguém viu nada.

— E fica por isso mesmo?

— Moço – o guarda se exaltou –, aqui não é com certeza a cidade em que mora. Por acaso lá todos os crimes são solucionados e os assassinos, presos? Pelo que leio nos jornais, não! Agora estou ocupado, pode ir embora.

Bruno saiu sem se despedir.

"Que coisa!", sentiu-se injuriado.

Voltou à praça.

"Devo falar com o delegado. Vou à cidade vizinha fazer isso."

Perguntou como ele poderia ir à cidade vizinha e um senhor lhe explicou:

— Está vendo aquela perua? Você deve ir lá, pagar e ir. Quase todos os dias o motorista, o dono do veículo, leva e traz pessoas. Deve ter lugar.

Bruno foi rápido para o local onde estava estacionada a perua. Informaram que partiria dentro de trinta minutos e voltaria às dezesseis horas. Ele pagou e esperou. Viajaram sete pessoas: uma senhora que iria à consulta médica, e a maioria para resolver algum problema ou fazer compras. Respondeu algumas perguntas, quem era, o que estava fazendo...

Chegaram à cidade, Bruno resolveu almoçar, procurou um restaurante e almoçou, também comprou um marmitex para levar para jantar.

Foi à delegacia. Esperou, mas foi atendido. Explicou por que fora, o delegado o escutou e depois tentou elucidá-lo.

— Não é fácil descobrir um assassino por aqui. As pessoas têm medo de falar, isso se viram algo. Indagamos, verificamos, andamos pelo local, não conseguimos saber de nada.

— Encerraram a investigação? – perguntou Bruno.

— Não! Porém não temos mais o que fazer. Se houver um fato novo, iremos com certeza verificar.

Bruno não quis insistir para não ter o mesmo desfecho da conversa com o guarda. Sabia que o delegado poderia prendê-lo.

— Tudo bem, senhor. Vou indo. Obrigado por me receber. Até logo!

"Nada! Não consegui saber de nada. Parece que um crime é somente mais uma morte", pensou.

Andou pela cidade, viu uma loja de peças e encontrou uma ferramenta que não fabricavam mais e que sempre quis ter, comprou-a. Antes do horário foi para o local marcado; com todos acomodados, retornaram à cidadezinha. Bruno pegou a bicicleta e retornou ao sítio. Lá sentiu seu padrinho e, falando alto, contou o que acontecera, menos o que o garoto dissera sobre como ele foi encontrado morto.

— Resumindo – Bruno completou –, a polícia não sabe de nada e não se interessa em saber. O neto da dona Terezinha contou outra versão, diferente da do Claudino. Eles, quando escutaram os gritos, não estavam jantando; ele, o moleque, estava na área e não escutou os tiros, somente o pedido de ajuda, aí foi para a cozinha, e seus avós não estavam lá; a avó entrou assustada e depois o avô. Onde eles estavam? Teriam mesmo escutado os tiros?

— *São suspeitos! É isso, afilhado, investigue! Gostei da sua bicicleta.*

— Investigar? Nem a polícia o faz!

— *Por isso mesmo. Quero saber quem me matou e você irá descobrir.*

— Quem matou e por quê?

— *Quem matou basta.*

— Vou tomar banho!

— *De novo? Tomou ontem!*

— Tomo banho todos os dias – afirmou o moço.

— *Que desperdício!*

Bruno, depois do banho, jantou e fechou a casa.

— Como vou investigar? Não posso sair por aí perguntando quem matou, apontar para uma pessoa e perguntar: "Foi você?"

— *Claro que não!* – escutou seu padrinho. – *Use a cabeça. Tem de conversar. À tarde, normalmente depois das quatorze horas, um grupo de desocupados se reúne na praça para jogar e conversar. É para lá que deve ir e conversar com eles.*

— Desocupados? – Bruno não entendeu.

— *Homens que não trabalham, aposentados, idosos. Normalmente são quatro ou cinco, eles são amigos e se distraem na praça. Como fofocam muito, sabem de tudo o que acontece pela região. É bem capaz de eles saberem quem me matou.*

— Se eles sabem, por que não contam para a polícia?

— *Seria com certeza o próximo a ser morto. Quem mata uma vez mata mais.*

Bruno se arrepiou, lembrou do sonho, mas não comentou.

— Que lugar esquisito! – resmungou o moço.

— *Não repita isso!* – pediu Severino.

— *Bruno* – aconselhou Romoaldo –, *amanhã, no caminho da cidade, conversaremos. Escute o que Severino tem a dizer, depois leia uma página do* Evangelho *e explique, em voz alta, ele não sabe ler pensamentos.*

— Padrinho...

— *"Padinho"* – interrompeu Severino.

— Como faço para conversar com eles, esse grupo que costuma ficar na praça?

— *É fácil, eles gostam de novidades. Você chega, cumprimenta, pergunta alguma coisa como "Que horário a igreja fica aberta?", senta e responde.*

— Responde? – Bruno novamente não entendeu.

— *Eles lhe farão perguntas, devem estar curiosos; se você falar de você, eles falarão deles.*

Bruno pegou *O Evangelho segundo o espiritismo* e abriu no capítulo 24, "Não ponhais a candeia debaixo do alqueire", seção "Não são os que gozam saúde que precisam de médico", *Mateus*, capítulo 9, versículos de 10 a 12, e leu pausadamente: "Estando Jesus à mesa em casa desse homem [...]" E, no item 12, a lição preciosa sobre mediunidade:

[...] Parece, dizem, que tão preciosa faculdade devera ser atributo exclusivo dos de maior merecimento. [...] Deus outorgou faculdades ao homem e lhe dá a liberdade de usá-las, mas não deixa de punir o que delas abusa.

— *Bruno* – Severino o interrogou –, *"medinadade" é a pessoa que fala com Espíritos?*

— "Mediunidade" – Bruno falou bem devagar corrigindo e ensinando seu padrinho – é um dom, e quem fala, escuta, vê Espíritos é médium.

— Você então é isso que falou, você me escuta. É macumbeiro?

— Não, sou médium; como li, a mediunidade faz parte da condição orgânica de uma pessoa. Desde pequeno, isso acontece comigo; mamãe me levou a um lugar, eles me orientaram, e aprendi a conviver com isso e a fazer o bem. Desde os doze anos frequento esse lugar.

Bruno lembrou-se do centro de umbanda, sentiu saudades.

— Vamos orar – o moço convidou o desencarnado.

Orou pai-nosso e ave-maria, porém, como costumava orar, disse: "Maria, mãe de Jesus!"

— Boa noite!

— *Boa noite!* – escutou de Severino.

— O senhor dorme? Onde?

— *Eu durmo. Você está na minha cama. Deito-me aqui neste canto, tem um bom colchão e travesseiro limpo e macio. Também estou gostando da comida que está fazendo para mim, os alimentos são saborosos e tem feito como gosto. Obrigado, afilhado!*

Bruno olhou e não viu nada, não se impressionou. Deitou-se e dormiu. Estava acostumado a ver e conversar com desencarnados. Desde que aprendera, lidava bem com esses fenômenos. Mas, desde que passara a fazer parte da equipe de trabalhadores, não via nem ouvia desencarnados fora dos trabalhos mediúnicos e, se isso ocorresse, era porque tinha motivos. E ali tinha, mas continuou tranquilo porque sentiu que seu padrinho gostava dele e não iria lhe fazer nenhum mal, além de que confiava em seu protetor, Romoaldo.

Acordou cedo. Fez o café, limpou a casa, lavou a roupa, fez o almoço. Enquanto esteve ali, se não almoçava em algum lugar, era sua rotina limpar, lavar, esquentar água, tomar banho e dormir. Também conversava com Severino e, em pensamento, com Romoaldo.

Depois do almoço, falando alto, disse que iria à praça. Afastado da casa, Romoaldo aconselhou:

"Estarei com você. Mas, cuidado, não se esqueça de elogiar o lugar e confirmar que tem mulher e dois filhos. Fale de si e não faça perguntas diretas, não por enquanto."

"Ramu," Bruno às vezes o chamava assim, "por que Severino não consegue sair da casa, do espaço em volta?"

"Podemos ficar em determinados locais e não conseguir sair. Seu padrinho, por muitos anos, viveu ali; sentia ser o dono, proprietário, sem entender que nada nos pertence. Quando encarnado, ele saía, passeava; agora se sente atraído pelo lugar que julgou ser dele, é como um ímã, não consegue se afastar."

"Não pode ajudá-lo?", Bruno conversava em pensamento.

"Penso que, quando ele souber quem o assassinou e você vender o sítio, irá querer ir embora. Ele, escutando você ler o Evangelho e orar, melhorará sua vibração. Senti ele pensar no que você leu. Severino não me vê, vibramos diferente. Se ele me vir, poderá achar que eu sou um intruso. Vamos fazer o que ele quer."

"Foi você quem plasmou a cama para ele e os alimentos?", Bruno quis saber.

"Não poderia deixá-lo dormir com você nem o vampirizar para se sentir alimentado. Plasmei o colchão que lhe é agradável e o

travesseiro. Trago alimentos do posto de socorro para ele, alimentos próprios para desencarnados, e tenho acertado o gosto dele."

"Obrigado, Ramu!"

"*De nada!*"

"Facilitaria se você me contasse quem foi a pessoa que o matou", pediu Bruno.

"*Por que pensa que eu sei? Desencarnados não são adivinhos, e tudo o que fazemos é por meio de trabalho. Não sei e não faço ideia de quem seja, mas penso ter motivos.*"

Conversando, chegaram logo. Ao entrar na praça, o moço viu cinco homens sentados em bancos em volta de uma mesa de cimento.

Aproximou-se...

Deus outorgou faculdades ao homem e lhe dá a liberdade de usá-las, mas não deixa de punir o que delas abusa.

5

A história de cada um

5

BRUNO, AO CHEGAR PERTO DO GRUPO, COLOCOU A BICI-cleta encostada num banco e os cumprimentou. Como eles responderam e ficaram olhando calados para ele, o moço resolveu iniciar uma conversação.

— Os senhores podem me informar a que hora a igreja fica aberta?

Três deles se dispuseram a responder, mas um deles explicou:

— A porta da frente abre somente quando tem missa ou algum atendimento extra, mas a porta lateral, a deste lado – mostrou a esquerda –, abre das oito horas até às dezessete horas.

— Obrigado – ele agradeceu e sentou perto deles –. Sou Bruno, o...

— Afilhado do Severino – interrompeu um dos senhores e se apresentou –. Sou Zé Lito, este é Marcelo, aqueles ali são Jerson, Alexandre e Alceu. Prazer, moço!

A cada apresentação, cumprimentaram-se, apertando as mãos e sorrindo. Em seguida, Bruno tentou continuar com a conversa.

— Também queria saber onde é o cemitério. No meu caminho não vi, queria saber onde meu padrinho está enterrado.

Explicaram, não tinha visto porque ficava do outro lado. Calaram-se, Bruno não desistiu:

— Os senhores moram na cidade?

Todos moravam. Falaram deles, todos eram casados, tinham filhos e netos. Então resolveram fazer perguntas. Bruno respondeu, tentando ser agradável. As indagações eram as mesmas, mas quiseram saber mais.

— Como chama a sua companheira?

Bruno ia responder Márcia, mas veio à sua mente outro nome.

— Jéssica, e meus filhos, Carla e Maurício.

— Você é mecânico, entende tudo de carros? – Jerson quis saber.

— Um pouco. Sou mecânico, mas trabalhei numa grande oficina, onde cada um dos empregados faz uma coisa. Meu sonho é aprender tudo nessa área e ser um excelente mecânico.

— Fábricas e oficinas grandes trabalham assim mesmo – concordou Zé Lito –. Gosto de mecânica, quando jovem quis ser mecânico, mas acabei ajudando meu pai no sítio, casei-me, vieram os filhos e adeus, sonho.

— Você poderia morar aqui e trabalhar no sítio que herdou. Traga sua família – motivou Marcelo –. Poderá se dar bem, o sítio é rentável.

— Aqui tudo é muito bonito! – Bruno suspirou. – Porém ficar aqui... tenho duas dificuldades. Primeiro, não sei lidar com a terra, desconheço a época de plantar, como fazer, realmente não entendo nada. Concluí que não é simples nem fácil esse trabalho, ele é para homens de coragem. Segundo, penso que minha companheira não vai querer morar aqui porque ela estuda para ser professora e é muito ligada à mãe dela. Como vê, tenho muito o que pensar, pois gostei daqui.

Eles o aceitaram, riram, deram sugestões. Bruno resolveu voltar ao assunto.

— Gostaria que me contassem como era o meu padrinho, não o conheci pessoalmente. Quando meus pais se mudaram daqui, era pequenino.

— Severino falava às vezes de você – disse Marcelo –. Todos por aqui sabiam que ele tinha feito um testamento deixando o sítio para seu afilhado.

— Ele era amigo dos senhores? – perguntou o moço.

— Amigo não, conhecido. Aqui todos se conhecem – pelo tom de Zé Lito, Bruno percebeu que ele não gostava de Severino.

— Falem-me dele – pediu Bruno.

— Hum... – Alexandre resmungou. – O que quer saber?

— Como era a vida dele? O que ele costumava fazer?

— Trabalhava muito – foi Alexandre quem o atendeu –. Somente em algumas épocas contratava diaristas para ajudá--lo. Quando vinha à cidade era para comprar, assistir alguma missa, para encontros, às vezes bebia, e seu cavalo levava-o para casa. Ele...

— Já que o moço quer saber, complete, Alexandre – ordenou Jerson.

— Por favor – voltou a pedir Bruno –, pode falar, ele não vai saber – riu, mas os cinco não riram.

"Pronto, estraguei a conversa", temeu ele.

— Sabe, moço – esclareceu Jerson –, é que certos assuntos não se pode comentar com estranhos.

— Já nos conhecemos. Eu gostaria de saber quem foi meu padrinho – Bruno insistiu.

— Severino também era safado, ele me tapeou... – queixou-se Alexandre.

— Seu "padinho" era esperto para fazer negócios, e Alexandre afirma que ele o enganou uma vez – interrompeu Alceu.

— Essa história é velha – Alexandre suspirou.

Calaram-se, Bruno preferiu não insistir, mas Alexandre, após uma pausa, narrou:

— Por duas vezes Severino não foi honesto comigo. A primeira vez foi por pouca coisa, ele me comprou três cabritos por um preço barato porque eu precisava de dinheiro para o tratamento de minha mulher. Tenho muitos filhos, onze. Minha despesa sempre foi grande. Sustentar todos foi com muito sacrifício. Valeu a pena, porque eu os amo. A segunda vez foi a mais grave. Colhi o milho, vendi para ele toda a minha produção e, dezesseis dias depois, o preço do milho subiu muito, e ele revendeu com grande lucro. Não sei como ele soube da alta que teria. Ganhou dinheiro à minha custa.

— O que o senhor acha que ele deveria ter feito? – perguntou Bruno.

— Não deveria ter comprado meu milho ou me informado da alta – respondeu Alexandre.

Calaram-se de novo. Bruno não sabia o que falar, receou dizer alguma coisa indevida.

— O moço pode estar pensando que Severino fez somente um bom negócio – Alceu tentou explicar –. Aqui somos unidos. Lidar com a terra é serviço pesado e que depende do tempo. Se alguém sabe de uma notícia assim, avisa os agricultores e não somente ele ganha, mas todos. Alexandre tem mágoa de Severino.

— Isso faz tempo? – Bruno quis saber.

— Dois anos – respondeu Alexandre –. Tenho terras do outro lado – mostrou o oposto do sítio –, trabalhei muito nelas; atualmente são três dos meus filhos que labutam muito, de sol a sol, e, quando poderia ter melhor lucro, não tiveram. Pior que meus meninos ficaram sentidos comigo por eu ter vendido o milho para Severino.

— O senhor não poderia ter esperado mais para vender a safra? – Bruno quis saber.

— Quase sempre já gastamos o que iremos receber da colheita – expressou Alexandre sentido.

— Sei... – foi o que Bruno conseguiu falar.

Zé lito levantou-se e disse que iria ao sanitário. Foi então que Bruno viu, num canto da praça, feitos de alvenaria, sanitários masculinos e femininos.

— Aqui é tudo limpo, tem um empregado da prefeitura que limpa todos os dias a praça, os banheiros – informou Alceu –. Nossa cidade é distrito da cidade vizinha, não temos prefeito, mas eles cuidam bem de nós.

— Zé Lito também não gostava de Severino – contou Alexandre.

— Não gostava mesmo – afirmou Marcelo –; se ele fosse a algum lugar em que Severino estava, se não pudesse ir embora, ficava longe dele.

— E por que ele não gostava dele? – Bruno quis saber.

— Uma história antiga – Marcelo suspirou –. Zé Lito tinha uma irmã que se suicidou, e ele culpa Severino.

— Parece – completou Jerson – que, na época que aconteceu, os dois, Severino e Lindalva, estavam saindo juntos; ela ficou grávida, seu padrinho não a quis, e ela tomou veneno e morreu. Zé Lito não o perdoa.

Zé Lito voltou e, como os quatro ficaram calados, Bruno comentou:

— Senhor Zé Lito, eles contaram que o senhor não gostava do meu padrinho.

— Seu "padinho" era... – Zé Lito xingou. – Desculpe-me, você não tem nada com isso. O que aconteceu foi algo sofrido demais. Minha irmã não devia ter se entregado para aquele farrista mulherengo. Ela sabia como ele era. Saiu com ele, penso que ia ao sítio para encontrá-lo. Lindalva ficou grávida e, como ele não quis casar, a coitadinha se matou. Somos, ou éramos, seis irmãos, ela estava com vinte e três anos, meus pais sofreram muito. Morreram de desgosto. Minha irmã deve estar no inferno.

— Deve estar não! – Bruno interferiu. – Deus é muito bom para deixar uma pessoa no inferno por muito tempo.

Os cinco o olharam admirados.

— É o que penso – tentou consertar seu arroubo –, o inferno não é para sempre. Deus é Pai!

— Bonito o que fala! Pode ser – Zé Lito suspirou.

— Por aqui não se obriga a casar? – perguntou Bruno.

— Se a moça é menor de idade, ele é obrigado – Jerson resolveu esclarecer –. Depois de maior, vai da consciência do homem. Macho, aqui, tem que honrar suas atitudes. Lindalva era moça de família.

— Mas que já tinha passado da idade de casar – Alexandre deu sua opinião.

Calaram-se. Bruno achou melhor parar a conversa.

— Vou ao cemitério e telefonar. Onde compro fichas?

Informaram. Despediram-se.

Comprou fichas num bar, foi ao orelhão, telefonou para a padaria e pediu para chamar sua mãe. Não era costume ligar para alguém da família no serviço, faziam somente quando era uma emergência.

— Mamãe, desculpe-me ligar a essa hora. É que somente na cidade tem orelhão. Comprei uma bicicleta e é pedalando quarenta e cinco minutos que venho do sítio até aqui. Não posso esperar para ligar à noite, quando a senhora está em casa, porque aí teria de voltar no escuro e, como não conheço bem a estrada, penso que não é prudente.

— Filho, você comprou uma bicicleta? Terá dinheiro para voltar se não vender o sítio? Quando você retorna? O que está fazendo aí?

— Vendi um cavalo do meu padrinho, por isso tenho dinheiro. Penso em ficar mais alguns dias, estou vendo tudo que Severino tinha para depois vender. Não se preocupe, aqui não é perigoso, todos me tratam bem. Está sendo bom para mim. Estou gostando.

Sentindo a mãe tranquila, mandou beijos a todos e desligou.

Foi ao cemitério e encontrou logo onde Severino fora enterrado.

"É melhor ficar um pouco aqui, pode ser que alguém esteja vendo o que estou fazendo. Meu padrinho é que não está aqui."

Ficou ali observando o lugar, depois limpou o local, que era um retângulo de cimento, e, escrito em cima o nome e a data de falecimento.

Saiu e resolveu voltar à praça, o grupo não estava mais lá.

Foi ao açougue, não poderia comprar muita carne por não ter geladeira. O dono daquele comércio se apresentou:

— Sou Ferdinando!

Ele ensinou como se preparava a carne que ele escolhera.

Bruno percebeu que todos da cidade sabiam quem ele era e o que fazia ali.

— Vi você conversando com os senhores na praça – comentou o açougueiro.

— São pessoas simpáticas e acolhedoras. – Bruno elogiou-os e completou: – Eu queria saber de meu padrinho, não o conheci pessoalmente. Estou curioso para saber como era e o que fazia.

— Pelo jeito não escutou coisas boas – Ferdinando sorriu.

— É... – Bruno ficou sem saber o que responder e ousou perguntar: – O senhor conheceu meu padrinho? O que pode me contar dele?

— Aqui, moço, todos se conhecem e sabem tudo da vida do outro, ou quase tudo. O senhor Severino, para mim, era um cliente que vinha aqui de vez em quando, porque ele criava porcos, galinhas, cabras e se alimentava deles. Comprava carne de vaca e sempre me pagou direitinho. A fama dele por aqui era de mulherengo, os homens sentiam ciúmes dele. Penso que aqueles senhores não gostavam de seu "padinho".

Bruno também percebeu que por ali se falava "padinho". Pensando que Ferdinando poderia lhe dar mais informações, perguntou:

— O senhor disse que todos sabem de todos por aqui. Será que sabem quem o matou?

Percebeu, pela expressão de Ferdinando, que foi direto e inconveniente.

— Não disse isso – mudou o tom de voz –, falei que se sabe o que se faz, fofocas. O moço já comprou, pagou e está indo embora, não é?

Deu a sacola para ele e virou as costas.

Bruno a pegou e foi para o sítio.

"Ramu, o que achou disso tudo?", quis ouvir a opinião de seu protetor.

"*Nada a mais que você.*"

"Ferdinando ficou ofendido ou nervoso?"

"*Penso que foi os dois. Aconselhei-o a não ir direto ao assunto. Ele não gostou da pergunta.*"

"Ramu, não vi desencarnados por aqui. Não tem?"

"*Claro que sim! Bruno, você há tempos, desde que passou, com responsabilidade, a trabalhar, fazendo o bem com sua mediunidade, vê e escuta desencarnados se tem motivos. Não tem por que você vê-los por aí. Não nos diz respeito.*"

"Não estou indo ao terreiro nem trabalhando."

"*Pai João o deixou de licença. Esqueceu?*"

"Lembro, sim. Romoaldo, meu padrinho não deve ter sido uma pessoa fácil. Parece que fez alguns desafetos. Minha mãe não gostava dele. Eu gosto!"

"*Falei para você que com certeza haveria motivos para assassiná-lo. Também gosto dele.*"

"Será que foi um desses senhores que o matou? Zé Lito? Alexandre?"

"*Com certeza, iremos descobrir.*"

Ao passar pela casa de Terezinha, Bruno a viu na janela; ela gritou por ele e acenou para o moço ir lá. Ele foi.

— Bruno, fiz doce de abóbora e, como foi você quem nos

deu, guardei um pouco para você. Coloquei neste pote de plástico e não precisa me devolver.

— Muito obrigado! – Bruno agradeceu.

— Foi à cidade de novo?

Ele sentiu que ela queria saber o porquê. Já tinha decidido não deixar ninguém curioso, explicou:

— Fui comprar carne e também fui ao cemitério, para conhecer o lugar em que meu padrinho foi enterrado. Perguntei onde era o cemitério para uns senhores que estavam na praça. Conversei com eles.

— São fofoqueiros – advertiu Terezinha.

— Tive a impressão de que eles não gostavam de meu padrinho – Bruno resolveu conversar com Terezinha e tentar saber mais fatos –. Alexandre contou que foi enganado por ele numa venda de milho.

— Ora, foi somente um negócio.

— Zé Lito tinha mágoa dele porque uma irmã se suicidou por causa de meu padrinho.

— Lembro bem desse caso – Terezinha suspirou –. Lindalva, embora fosse de uma boa família, era leviana. Passou da idade de casar, não conseguiu arrumar um marido. Vimos, Claudino e eu, ela ir ao sítio, estava sozinha e ficou lá muito tempo dentro da casa. Então, contou a todos que estava grávida, Severino não quis se casar com ela, eles nem namoravam, e ela se suicidou; matou a si mesma e a criança que esperava.

— Que preconceito! – lastimou o moço. – A família não poderia acolhê-la e ela ser mãe solteira?

— Poder, podia, mas... Uma mulher não podia agir assim, como ela agiu, ainda mais tempos atrás. Era um escândalo! Vergonha para a família!

— A senhora acredita que Severino era o pai?

— Não sei. Realmente não sei. Às vezes penso que se Severino acreditasse ser o pai, ele até poderia não casar, mas com certeza iria trazê-la para o sítio, cuidar dela até o nenê nascer e, depois, da criança.

— Dona Terezinha, o que a senhora sabe mais desse caso? – Bruno ousou indagar.

— Lindalva era bonita, mas leviana, como já falei. Você conheceu Marcelo? Sim! A esposa dele é minha comadre, somos amigas de muitos anos. Ela, na época, desconfiou que Marcelo, seu marido, a estava traindo, e com Lindalva.

— Nossa! – Bruno exclamou.

— Você acredita – Terezinha mudou rapidamente de assunto – que recebemos visitas para saber de você? Como está instalado no sítio? O que está fazendo? Fui hoje pela manhã à cidade e fui parada cinco vezes para que falasse de você.

— Espero que a senhora não tenha falado mal de mim – Bruno sorriu.

— Não, claro! Não sou fofoqueira!

Bruno agradeceu o doce, voltou à estrada e foi para o sítio.

"Penso, com certeza, que não iria me acostumar, se morasse aqui, com as fofocas."

Chegou ao sítio. Bruno resolveu tomar banho enquanto estava claro, depois contou para Severino a conversa que tivera com o grupo; quando terminou, perguntou.

— Padrinho, "padinho", por que aqui se pronuncia essa palavra errado?

— *É uma forma carinhosa. Parece que, ao escutar, sente-se o afeto do afilhado.*

— Sendo assim, vou chamá-lo de "padinho".

— *Obrigado! Conte mais o que escutou.*

— O senhor sabia que o milho teria alta?

— *Tinha escutado no rádio da possibilidade. Não sabia se isso ao certo ocorreria, era especulação. Todos por aí têm rádio; se escutei, muitos poderiam ter escutado. Já havia comprado a colheita de Alexandre outros anos, ele estava sempre precisando de dinheiro. Ofereceu, comprei e paguei. Teve um ano que eu até perdi dinheiro, foi pouco, mas perdi. Vendi por menos do que comprei dele. Isso ele esqueceu.*

— Quando ele levou vantagem, esqueceu!

— *Não dei importância, num negócio é assim: perde-se ou ganha. Dessa vez ganhei um bom dinheiro. Alexandre ficou sentido.*

— Não era para o senhor alertar a todos o que ouvira? – Bruno insistiu.

— *Se o milho não subisse de preço, eles ficariam bravos comigo e até me xingariam.*

— E o Zé Lito? Ele parece ter ódio do senhor. Contou que a irmã dele se suicidou por sua causa.

— *Não estou me defendendo* – Severino suspirou –, *mas a história verdadeira não é essa. Como está investigando, vou contar a você o que aconteceu. Não nasci aqui nesta região. Vim de longe. Não tenho família aqui e penso que, quando fui embora, não a tive mais. Meus pais tiveram oito filhos. Estava com onze anos quando caí de uma árvore e me machuquei. Feri os testículos. Senti muitas dores, meu pai me levou ao hospital da cidade, o médico cuidou de mim e disse que eu não teria filhos. Sofri pelas muitas gozações, escutava que eu não era mais homem, todos me atormentavam; meus irmãos, familiares, meu pai riam, somente minha mãe me defendia. Foi um período muito difícil em que sofri bastante. Mamãe faleceu, pedi dinheiro para meu pai e fui embora de lá. Nunca mais soube deles e não lhes dei notícias minhas. Vim para cá, comprei um pedacinho de terra; aqui no sítio, trabalhei muito e, aos poucos, fui comprando pedaços em volta até as terras serem como é hoje. O médico estava certo, não fiquei impotente, somente estéril. Penso que foi por isso que não me casei, mulheres querem ser mães. Não contei meu segredo para ninguém aqui. Agora conto porque não tem importância. Saí, sim, com Lindalva. Não era minha intenção ter nada com ela ou com moça de família. Conhecia, achava bonita, e foi ela que deu em cima de mim. Ela veio aqui ao sítio de bicicleta. Logo, todos sabiam do nosso relacionamento, que era recente. Estávamos nos encontrando havia quinze dias quando ela me contou que estava grávida. Não fui o primeiro homem dela. Não falei nada, mas, no outro dia, fui à capital do nosso estado, fiz um exame. Paguei caro, esperei o resultado, realmente não podia procriar. Voltei, encontrei-me com Lindalva e fui sincero, disse que não podia ser o pai da criança que ela esperava e que não me procurasse mais. A notícia se espalhou, que eu não queria me casar com ela, e, dois dias depois, a irmã do Zé Lito se suicidou. Não tive culpa. Penso que ela quis desesperadamente arrumar um pai para o filho que esperava e me escolheu, era solteiro. Não pensei que ela iria chegar a esse ponto, de se matar.*

— O senhor não ficou sabendo quem era o pai?

— *Não. Deve ter sido alguém casado. Não sei e, na época, não quis saber.*

— Eles não comentaram muito este fato? Não falaram mal do senhor? – perguntou Bruno.

— *Fiquei um tempo mais quieto aqui no sítio. Não dei importância aos comentários. Sempre fui alvo de fofocas. Aqui se fala muito, mas o assunto fica velho e é esquecido quando surge um novo.*

— Peça, Bruno, para ele contar o que aconteceu para ele sair do lugar em que morava – escutou de Romoaldo.

— "Padinho", o que fez o senhor ir embora do lugar em que morava, ficar longe da família?

— É um fato triste! – Severino suspirou sentido. – Estava sempre sozinho, não tinha amigos, meus irmãos não gostavam de sair comigo. Numa tarde, vindo da cidade para a fazenda em que morávamos, fui abordado por um moço que me disse os horrores costumeiros e tentou me estuprar; brigamos, consegui pegar um pedaço de pau e o joguei na cabeça dele, o que o fez cair; então virei seu pescoço com toda a força e corri. Esse moço tinha dezenove anos, e eu, dezesseis anos. Ele morreu. Cheguei em casa machucado por causa da briga, pelos murros que recebi. Contei o que acontecera, dois irmãos foram ver, e ele havia de fato falecido. Meu pai era influente, não sei se foi por esse motivo, mas foi dado como legítima defesa e também, porque eu era menor de idade, não houve nem processo e foi dado como acidente. Parei de receber gozações; pelo ocorrido, as pessoas ficaram receosas, julgando-me capaz de matar. O que contei foi que o golpeei com um pau e ele caiu. Concluíram que ele quebrou o pescoço na queda. Meu pai me proibiu de sair sozinho e, tempos depois, me levou a um prostíbulo na cidade, viu que não era impotente e contou a todos os conhecidos. Não me sentia amado nem os amava, amei somente minha mãe. Matei aquele moço. Poderia tê-lo deixado inconsciente pela paulada e corrido, mas quebrei seu pescoço. Escutando você nesses dias lendo aquele livro e orando, tenho pensado que morri assassinado porque assassinei.

Severino calou-se, e Bruno ficou em silêncio por uns instantes; depois tentou consolar seu padrinho.

— O senhor não pediu perdão? Somos sempre perdoados quando pedimos.

— *A Deus pedi. Até me confessei com um padre.*

— O senhor pode também pedir perdão a esse moço. Ele pode estar em muitos lugares e até ter reencarnado. Quando pedimos perdão a quem prejudicamos, nos sentimos melhor. Perdoe-o também – aconselhou o moço.

— *Não guardei mágoa dele. Naquele momento ele quis me ferir, me fazer uma maldade. Ele me agrediu primeiro. Tive de me defender, mas não precisava matá-lo.*

— Não devemos guardar mágoas. Que bom que o perdoou. Quanto a ter sido assassinado, pode ter sido, sim, uma reação. Quando fazemos algo errado, podemos ser perdoados, quando arrependidos, a ponto de não fazermos aquele ato novamente se voltássemos no tempo. Nossos atos nos pertencem, os bons e os maus, e eles têm retornos. O senhor matou e teve uma lição, ao ser assassinado, para aprender nunca mais tirar alguém da vida física. Posso falar o que me contou para Zé Lito?

— *Será que foi o Zé quem me matou?*

— Tanto ele como Alexandre tinham mágoas do senhor. Na minha investigação devo focar nos desafetos. Ninguém mata sem motivo, seja este para roubar, vingar etc. Se o senhor permitir, contarei a ele somente esse detalhe, do exame, falo que o encontrei e que o senhor era estéril.

— *Se quiser, pode contar* – concordou Severino –. *Se não comentei com ninguém aqui, foi por medo de gozações. Você entende?*

— Sim, entendo. Vou amanhã pedir para ele ir à praça mais cedo no dia seguinte e conto. Prestarei atenção na reação de Zé Lito, com certeza sentirei se ele é o assassino. O açougueiro também me pareceu suspeito.

— *Não gostava dele* – afirmou Severino –. *Ele surra a mulher.*

Ela é bonita! Até já me deu umas olhadas. Não quis nada com ela, Ferdinando trabalha com facas, e eu não gosto de facas.

— Por aqui os homens gostam de bater nas mulheres! Que coisa! – Bruno indignou-se.

— *Penso que essa violência ocorre em muitos lugares. Nunca bati em mulheres. Mas também não fui casado! Mulheres, por serem mais fracas, é mais fácil de bater, descontar nelas as frustrações. Se o casamento não está dando certo, não sei por que não se separam, ou sei, sim, o porquê. Normalmente os homens não querem sustentar ex-mulheres e, quando elas se separam, a situação delas piora, sofrem mais do que quando surradas. A esposa de Ferdinando é assanhada, penso que é por isso que ele bate nela.*

— Será que ele sabia que a mulher dele quis ter um relacionamento com o senhor? Pode tê-lo matado.

— *Penso que não foi Ferdinando. Se ele tivesse me matado por esse motivo, teria de fazê-lo com mais uns quatro. Depois, no horário em que fui morto, ele teria de se ausentar do açougue. Se tivesse se ausentado, muitas pessoas teriam visto, e ele seria suspeito. Se não houve falatório sobre isso, ele não deve ter deixado seu comércio nesse horário.*

— Será que foi um matador de aluguel? Pode ter sido – comentou Bruno.

— *Pode ser, mas é difícil. Primeiro porque esse matador, para vir por esses lados, teria de passar pela cidade, pela estrada, e seria visto. Segundo: eles cobram caro, e poucas pessoas por aqui teriam dinheiro para pagar. Não temos na região nenhum matador profissional e, se fosse um que tivesse me tirado do corpo de carne, teria vindo de outra região. Aqui é pacífico. Penso que a pessoa que me matou circula por aqui sem chamar atenção. Alguém daqui mesmo.*

— Muitos crimes por aqui ficam mesmo sem solução? – Bruno quis saber.

— *Não temos muitos crimes. Se num assassinato não houver testemunhas ou o assassino não confessar, de fato, é difícil mesmo descobrir. Foi no ano passado que houve um crime na cidade. Numa festa, dois homens discutiram, brigaram, trocaram socos; apartaram a briga, e um deles sacou seu revólver e deu dois tiros, matando o outro. Muitas pessoas viram o crime, inclusive eu; o que matou foi preso por cinco dias e alegou ter sido em legítima defesa, porque o outro, o que morreu, gritara que o mataria. Preso fica por aqui se é perigoso, se matou mais pessoas. Os que matam crianças dificilmente são presos, porque normalmente são mortos, são linchados.*

— Então temos mais dois suspeitos. Tanto Alexandre quanto Zé Lito não gostavam do senhor e tinham motivos para matá-lo. Também pode ser um dos filhos de Alexandre, com raiva de o pai ter lhe vendido o milho e eles terem perdido dinheiro.

— *Se você focar nos motivos, a lista infelizmente pode ser grande!*

— Não sei se estou certo, mas penso realmente que, para matar uma pessoa, tem de haver motivos. Vou colocar os dois na lista e, na frente do nome do Alexandre, os filhos dele. Amanhã volto a falar com esses senhores.

Bruno calou-se por uns instantes, depois contou:

— Dona Terezinha estava na janela e, ao me ver na estrada, me chamou e me deu um pote de doce. Senti que ela me esperava. Penso que ela queria mesmo era saber o que tinha ido fazer na cidade. É uma fofoqueira!

— *Aqui todos fofocam* – afirmou Severino.

— Sabe o que ela me contou?

— *Não sei, saberei se repetir o que ela disse.*

Bruno riu.

— Dona Terezinha me disse que é comadre da esposa de Marcelo e que, na época, ela desconfiava que o marido, Marcelo, a estava traindo, e com Lindalva.

— *Essa é fofoca das bravas! Marcelo e Zé Lito são amigos de infância. Não deve ser verdade. Porém Lindalva tinha um amante. Nessa história muitos agiram errado. A moça, por ter amantes e querer depois me enganar; o outro, o pai do filho dela, devia ser casado e não devia ter se envolvido com ela, porque, se o cara não fosse casado, não havia razão para não ter se casado com Lindalva.*

— O senhor se dava bem com os vizinhos? – Bruno quis saber.

— *Os próximos, sim. Embora os visse pouco; se conversava com eles, era por algum motivo.*

— Quando convidei Claudino e Terezinha para entrar, eles olharam tudo curiosos. Eles já tinham vindo aqui?

— *Não* – respondeu Severino –. *Recebia poucas visitas, somente algumas mulheres. Com os vizinhos, conversávamos na frente da casa. Também não ia à casa deles.*

Jantou, fechou a casa, acendeu o lampião, pegou o *Evangelho* para ler e escutou de Romoaldo:

— *Faça a leitura do capítulo 12, "Amai os vossos inimigos", um texto de cada vez, até ler o capítulo todo.*

Bruno abriu e leu os dois textos tirados do *Evangelho de Mateus*, capítulo 5, versículos 20 e de 43 a 47, e *Lucas*, capítulo 6, versículos de 32 a 36. Depois leu o item 3:

Se o amor do próximo constitui o princípio da caridade, amar os inimigos é a mais sublime aplicação desse princípio, porquanto a posse de tal virtude representa uma das maiores vitórias alcançadas contra o egoísmo e o orgulho. [...] Amar os inimigos é não lhes guardar ódio, nem rancor, nem desejos de vingança; é perdoar-lhes [...]

Orou um pai-nosso e uma ave-maria.
Deitou-se, mas demorou para dormir. Ficou pensando que todos nós temos nossa história e, por ser nossa, ela é especial.

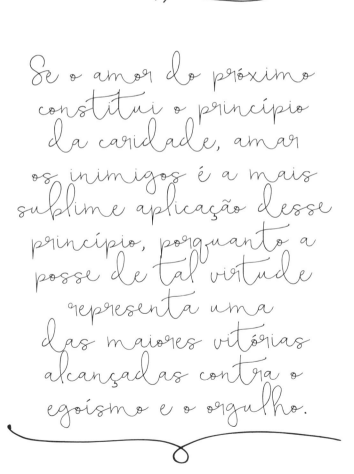

Se o amor do próximo constitui o princípio da caridade, amar os inimigos é a mais sublime aplicação desse princípio, porquanto a posse de tal virtude representa uma das maiores vitórias alcançadas contra o egoísmo e o orgulho.

6

A Grota Profunda

BRUNO ACORDOU, LEVANTOU CEDO E FEZ SEUS AFAZEres, que eram poucos. Sentou-se numa cadeira e deu um longo suspiro.

— *O que se passa, Bruno?* – Severino se preocupou e quis saber.

— Incomodado por não fazer nada. Trabalho desde meninote: aos doze anos, fazia entregas de compras num mercadinho perto de casa; aos dezesseis, fui aprender ofício de mecânico e não deixei de estudar. Completei o segundo grau.

— *Esse suspiro parece de apaixonado! Ama alguém?* – Severino ficou curioso.

— Não sei! Dias atrás pensei que amava. Mas nem tenho pensado nela.

— *O que aconteceu? Eram namorados? Não são mais?*

— Namoramos, e ela terminou comigo. Não quis mais me

namorar, alegou que queria casar, ter filhos e que eu não tinha condições financeiras para realizar o sonho dela.

— *Você sofreu?* – Severino perguntou, e Bruno escutou um risinho.

— Sim, sofri!

— *Afilhado, você não quer mesmo ficar aqui no sítio? Agora tem condições de sustentá-la.*

— Não tenho, "padinho". Não sei tocar um sítio. Não tenho dinheiro para fazer uma plantação. Penso que não aguentaria um trabalho assim tão pesado, e no sol. Depois, desisti da Márcia, e também ela não viria para cá. Com sinceridade, penso que não me acostumo com um lugar onde se fofoca tanto.

— *Se você vender o sítio, terá dinheiro para casar* – observou Severino.

— Usarei esse dinheiro para estudar e ser um bom profissional, para ter melhor salário. Lembrando de Márcia, ela não está nos meus planos.

— *Então não a amava!* – Severino deu um longo suspiro.

— O senhor amou alguém? Sua fama era de mulherengo.

— *Sim, amei. Quando adolescente, na fazenda do meu pai, me apaixonei por Rosenéa, que morava com os pais nas terras do meu pai, eram nossos colonos. O pai era empregado do meu pai. Ela era quase dois anos mais velha do que eu. Deveria ter quatorze para quinze anos quando me enamorei. Fazia de tudo para vê-la, conversar com ela. Rosenéa percebeu meu interesse, corria de mim. Hoje penso que pode ter sido porque os pais dela alertaram-na, sabiam que meu pai nunca deixaria um dos filhos se casar com uma moça simples e não queriam que a filha se tornasse uma amante. Também pode ser que ela quisesse ser mãe ou que realmente não gostasse de mim. Assim, guardei por tempos esse amor; foi depois do acidente em que matei aquele moço que, um dia, com coragem, cerquei-a e disse que queria namorá-la. Lembro bem do rosto dela assustado, tremeu de medo, mas também, com coragem, ela disse para eu deixá-la em paz, que não queria nada comigo e que não gostava de mim. Escondi esse amor, porque estava cansado de receber gozações e, se alguém soubesse que fora desprezado, receberia mais ainda. Apaixonado, insisti, e Rosenéa chorou e pediu, pelo amor de Deus, que não a procurasse mais. Falei que queria casar, que minhas intenções eram sérias; ela chorou mais ainda, afirmou que não gostava de mim e que nunca iria me amar. Sofri muito. A dor do amor não correspondido dói bastante. Contaram-me, tempos depois, que ela estava namorando um rapaz da cidade. Isso também me impulsionou para ir embora. Aqui trabalhei demais, cansava o corpo, dormia e, não tendo tempo, fui parando de pensar nela. Mas doeu; até passar, doeu.*

Bruno apiedou-se, concluiu que seu padrinho sofrera muito. Almoçou e ficou inquieto, esperando a hora para ir à cidade. Aliviado, no horário, despediu-se de Severino e foi.

Ao chegar à praça, viu os cinco amigos e dirigiu-se para lá. Após os cumprimentos, pediu a informação:

— Senhores, quanto acham que vale o sítio?

— Está querendo vender a Grota Profunda? – perguntou Alexandre.

— O Grotão do Susto? – Marcelo quis saber.

— Como? – Bruno não entendeu.

— Você não sabe o nome do sítio que herdou? – Jerson admirou-se.

— É... Não pensei que tivesse nome. Eu... – Bruno se encabulou.

— Todas as fazendas, sítios e até chácaras da região têm nome. O sítio de Severino se chama Grota Profunda, mas também é conhecido por Grotão do Susto – explicou Alceu.

— "Grota" não é um buraco ou algo assim? – Perguntou Bruno.

— É. Pelo jeito você não percorreu o sítio. Não viu a grota? – admirou-se Marcelo.

— Sinceramente, não vi buraco nenhum. Andei em volta da casa de bicicleta, subi numa árvore para ver tudo ao redor. Vi um terreno, penso que preparado para o plantio, o aboboral e, perto da casa, um galinheiro e o local para o cavalo e os cabritos. Onde fica esse buraco?

— Você não viu um amontoado de árvores? Na frente da casa? – Bruno negava com a cabeça. Marcelo resolveu então explicar: – Você vê de longe umas árvores ou copas delas. Ao se aproximar, vê o buraco, a grota, tem lugares certos para descer de ambos os lados e há paredões, mas não é perigoso por causa das árvores. No fundo, sempre tem água, por ter uma pequena nascente e porque, em alguns buracos, armazena água da chuva. O buraco é a divisa das terras de Severino e Ariovaldo.

— Lá é um local que foi assombrado. Por isso o nome Grotão do Susto – comentou Alexandre.

— Assombrado como? – Bruno ficou curioso.

— Tinha assombrações! – Zé Lito riu. – Vou lhe contar o que acontecia por lá. Desde menino escutava histórias daquela grota. Ali, até durante o dia, escutavam-se barulhos, gemidos, sussurros, às vezes gritos, muitas pessoas viam vultos e um pano, um tecido grande, fino e negro, voar por ali. E os fatos narrados são diversos. Diziam que, no tempo da escravidão, todo aquele lugar onde agora são sítios e fazendas pertencia a um senhor que tinha escravos e que os maltratava. Ele tinha um feitor, que também era cruel, que levava para a grota as negras para estuprá-las, e os negros para castigá-los. Todos morreram e, com certeza, os escravos não perdoaram os dois maldosos, e todos ficaram lá, então os castigados passaram a castigar.

— A sede dessa fazenda – Marcelo também quis contar – era na fazenda de Ariovaldo. Dizem que, quando esse senhor maldoso morreu, os filhos dividiram as terras, venderam tudo e foram embora daqui; comentam que foram para a capital do nosso estado.

— Aquele grotão era um problema para os proprietários vizinhos. Quando jovens, gostávamos desses assuntos – Alceu riu –. Fui lá quatro vezes, duas durante o dia, vi e ouvi também. Numa tarde, vi o pano negro, ele parecia ser levado pelo vento, mas não estava ventando, escutei gemidos. Arrepio-me até hoje só de lembrar.

— Às excursões à noite – lembrou Marcelo –, Severino ia sempre. Levavam lampiões. Penso que, todas as vezes que alguém ia lá, via ou ouvia alguma coisa. Cheguei a pensar que era sugestão, mas, quando ouvi, concluí que de fato havia algo estranho ali. Jerson é que teve uma experiência ruim lá.

— Foi mesmo! – Lamentou Jerson. – Numa noite, saímos da cidade às vinte horas e nos dirigimos ao sítio de Severino, pedimos a ele para nos acompanhar e ele foi conosco. Entramos na grota e nada. De repente, ouvimos gritos e nos jogaram galhos. Fiquei paralisado pelo medo e molhei as calças. Do grupo, o único que percebeu o que ocorrera comigo foi Severino. Saímos da grota, e seu padrinho riu e contou para os outros. Resultado: todos na região ficaram sabendo e sofri com as gozações. Até hoje escuto isso e sou citado por Jerson... Concluí que não podemos fazer algo assim em que se pode assustar com a bexiga cheia.

— O senhor ficou sentido com Severino? – Bruno indagou.

— Sim, fiquei. Não conversei com ele por anos e o evitei. Infelizmente, se lembro desse fato ou falo sobre ele, fico magoado.

— Eu também vi vultos lá – contou Zé Lito –. Fomos, numa tarde, meu pai, dois tios e eu. Escutamos gemidos e vimos o pano negro, que veio em nossa direção. Eu caí sentado, senti muito medo. Um dos meus tios começou a rezar em voz alta a oração do credo, o pano sumiu e os gemidos pararam. Fui somente essa vez.

Calaram-se por uns momentos. Alceu perguntou, mudando de assunto.

— Você conheceu seus vizinhos?

— O senhor Ariovaldo foi ao sítio devolver o cavalo, negociei, e ele o comprou. Já conversei com senhor Claudino e com a dona Terezinha. Gostei de todos. Meu padrinho se dava bem com eles?

— Pelo que sei, sim – foi Alexandre quem respondeu –. Mas, pelo que sabemos, Claudino tinha ciúmes de Severino. Comentam por aí que Terezinha era apaixonada pelo seu "padinho".

Bruno admirou-se, abriu a boca, mas não falou nada. Marcelo completou:

— É isso mesmo! Dizem que Terezinha, da casa dela, vigiava Severino e sabia de tudo o que acontecia com ele. Penso que Claudino desconfiou e vigiava a mulher. Mas, pelo que sabemos, os dois nunca tiveram nada. Com certeza, Claudino não queria inimizade com o vizinho. Depois, Severino não era muito social, ficava muito na casa dele, não era de visitar ninguém.

— Sabíamos que Severino tinha animais e que eles sumiram – comentou Alceu.

— Animais necessitam ser alimentados, pessoas os pegaram – contou Bruno.

— Foi isso mesmo, pessoas levaram os animais – concordou Jerson –. Foi uma atitude honesta, Ariovaldo devolver o cavalo. Não o temos visto; desde que teve aquela decepção, não veio mais à cidade; eu o vi passar por aqui de carro, talvez tenha ido a outra cidade ou à capital.

— O que aconteceu com ele? – Bruno ficou curioso.

— Você ainda não sabe? – Alexandre admirou-se. – É uma história e tanto. Ariovaldo ficou viúvo há dois anos. Ele tem cinco filhos que, adolescentes, foram estudar na capital do nosso estado e por lá ficaram, nenhum voltou para cá. Os filhos não concordavam com a maneira como o pai tratava a mãe. Ariovaldo sempre teve amantes, ele sempre ia às cidades da região e deixava a esposa na fazenda. Viúvo, passou a ir mais à capital; de repente, veio com uma moça, uma jovem mais nova que seus filhos, da idade de seu neto mais velho. Não se sabe se ele se casou com essa moça. Nós a conhecemos de vista, era muito bonita.

Alexandre fez uma pausa, e Bruno, curioso, perguntou:

— O senhor disse que ela era bonita. Não é mais? O que aconteceu com ela?

— Foi somente uma maneira de dizer – Marcelo resolveu contar –. Ela é linda! O que aconteceu foi que Ariovaldo não agradava a primeira esposa, não lhe dava presentes e deu para essa outra, comprou para ela joias e roupas, e viajavam juntos. A tragédia que comentamos foi que um neto de Ariovaldo, o mais velho, veio visitar o avô e ficou hospedado lá por uns três meses. Cinco dias depois que Severino morrera, o neto de Ariovaldo fugiu com a mulher dele, com essa moça. Esse neto tinha carro, passou pela cidade e parecia estar sozinho, a moça deve ter se escondido, deitado no fundo do banco. O falatório foi que ela escreveu um bilhete se despedindo e levou todas as suas roupas, joias e algumas peças de valor que Ariovaldo tinha.

— Foi um escândalo na família! – interrompeu Jerson. – O pai desse moço, o filho de Ariovaldo, deve ter ajudado na fuga e mandou recado para o pai não os procurar, que eles haviam ido para longe. Penso que foi isso que aconteceu, o casal fujão deve estar longe.

— O que será que aconteceu? – Bruno quis saber da história toda.

— Bruno! – Alceu riu. – A moça nova, bonita, se interessou por outro jovem. Os dois devem ter se apaixonado, senão o neto não faria isso com o avô. Ariovaldo foi imprudente, tolo, ao pensar que uma mocinha estaria enamorada de um velho. Se ele fosse pobre, certamente ela nem olharia para ele. Precisamos dar valor à companheira de muito tempo e ter a coragem de entender e aceitar a velhice.

— Quem gosta de velho é reumatismo! – exclamou Alexandre.

Todos riram.

— Entendemos – concluiu Alceu – que os dois jovens se apaixonaram e resolveram fugir. Ariovaldo deu uma de durão, que não se importara, mas deve ter sofrido, ele parecia amá-la. Foi traído como traíra. É a bola que volta!

— Como é? Não entendi – Bruno os olhou.

— A vida é assim – Alexandre explicou –, tudo o que fazemos volta para nós. Se você joga uma bola na parede, ela retorna para você e o faz como foi jogada: volta com força, se você assim jogar, e suave, se não colocar força. Ariovaldo não cuidava da esposa e não deve ter sido bom pai, os filhos parecem não gostar dele, tanto que o pai desse moço ajudou os dois na fuga sem se importar com o genitor. Agora, apaixonado, a moça o traiu e foi embora, abandonou-o. Se ele fez sofrer, agora sofre.

"A lei do retorno!", pensou Bruno.

— Não me falaram o quanto vale o sítio – Bruno quis saber.

Deram, então, opiniões que divergiam, mas não muito.

Os senhores se levantaram e comentaram que choveria em breve. Bruno olhou e não viu sinal de chuva, nem tinha nuvens. Alexandre riu e o elucidou:

— Aqui, principalmente nós que trabalhamos na terra, aprendemos a ver e interpretar os sinais da natureza, normalmente sabemos se haverá estiagem; é sentir o vento, o cheiro, observar as formigas, as aves, e sabemos com certeza quando a chuva está para cair.

— Fantástico! Isso é demais! – elogiou Bruno.

Despediram-se dando as mãos. Ao se despedir de Zé Lito, Bruno disse baixinho, para somente ele escutar.

— Senhor Zé Lito, venha amanhã mais cedo, preciso falar uma coisa para o senhor.

Ele concordou com a cabeça.

Bruno voltou para o sítio, e choveu quando ainda estava a

caminho, ele se molhou. Ao chegar, trocou de roupa, resolveu não tomar banho. A chuva continuou molhando a terra. O aroma agradável de terra molhada lhe deu prazer. Sentou-se numa cadeira para repetir para Severino o que escutara:

— O senhor sabia que a moça que morava com Ariovaldo fugiu com o neto dele?

— *Não! Conte-me tudo!* – Severino se interessou.

Bruno contou e completou:

— O senhor não sabia porque a fuga se deu cinco dias depois que morreu.

— *Conheci a moça ou a vi de longe. Era muito jovem e bonita. Coitado do Ariovaldo, deve ter sofrido, porque ele estava apaixonado por ela. Não deve ter ido atrás porque era seu neto e o filho ficou a favor do mocinho. É verdade o que escutou, Ariovaldo sempre traiu a esposa e a tratava mal, e os filhos pareciam realmente não gostar dele. Com certeza, ele logo arruma outra, e espero que dessa vez não seja alguém tão jovem.*

Bruno falou do comentário que os senhores fizeram sobre o casal vizinho.

— *Muitas mulheres se insinuavam para mim nos anos que vivi aqui, mas evitei a maioria. Nunca me interessei pela Terezinha, ela é muito feia. Depois é vizinha. Tive por lema não criar inimizade com os próximos mais próximos. Nunca pensei que ela pudesse gostar de mim e que Claudino soubesse.*

— Eles são, para mim, os principais suspeitos. Tanto um como o outro pode ter matado o senhor. Claudino por ciúmes, e Terezinha porque o senhor não a quis.

— *Se Claudino sabia, por que esperou tanto para tomar uma atitude?*

— É o que preciso descobrir.

— *Tudo é possível! Existe um assassino! Porque hoje sou um defunto!* – Severino suspirou.

— "Padinho", me conte da grota. O que de fato aconteceu lá? Que assombrações eram essas?

— *Por que você acha que comprei estas terras mais baratas, tive dinheiro para ser proprietário? Foi pelas assombrações. Quando vim para cá, este pedaço estava a venda há tempos. Ninguém queria comprar, não tinham coragem de morar por aqui, perto da grota. Como contei a você, trabalhei muito, fiz um minúsculo barraco, onde tinha uma cama e um fogão. O que consegui foi com muito esforço. Logo que aqui cheguei, escutei muitos casos desse buraco, que não é tão profundo assim. A moçada gostava das histórias, de ir lá. Tinham medo, mas iam. Eu me divertia e acompanhei muitos grupos nessas excursões. Naquela época, morava na cidade, depois mudou e não a vi mais, uma moça, Maria das Dores, a Dorinha, que via e ouvia almas, Espíritos. Uma vez ela veio e depois me contou que vira um casal de mortos brancos, e negros, e que também vira dois brancos acorrentados em troncos das árvores e que todos estavam feios, tristes e sujos.*

— E o Jerson? O que ocorreu com ele numa dessas excursões na grota?

— *Uma vez* – Severino riu – *Jerson veio com um grupo. Todos sentiram medo, mas penso que ele sentiu mais, apavorou-se. Eu pensei que todos viram ele molhar as calças, mas somente eu vi, soube depois que comentei. Jerson virou motivo de piada. Arrependi-me, havia sofrido antes por isso, mas não tinha como reverter, porque, quando comentei, os outros viram que ele estava molhado.*

— E aí o que aconteceu? – Bruno quis saber como acabou a história de Jerson e das assombrações.

— Ele ficou com raiva de mim, penso que não gostava de mim. Quanto à grota, tem muitas histórias. Escutei que uma família, eram brancos, viera de longe para estes lados, um casal com duas filhas pequenas, para comprar um sítio. Sumiram. Comentavam que eles foram mortos por esse feitor na grota. Dorinha viu o casal, mas não as crianças. Eu não dei importância a essas assombrações, mas os vizinhos estavam incomodados. Os empregados não queriam morar nas fazendas; quando escurecia, ninguém passava mais por aqui e, durante o dia, não passavam sozinhos. Foi então que um empregado de Ariovaldo afirmou que um primo dele conhecia um senhor, numa cidade a uns duzentos quilômetros daqui, que era rezador, que por orações tirava almas sofridas de um lugar. Cada um dos vizinhos contribuiu com dinheiro, este rezador não cobrava, mas precisavam ir buscá-lo e depois levá-lo. Fizemos isso. Esse senhor veio com um filho e um outro homem que o ajudava. Ariovaldo os hospedou e, na tarde seguinte à que chegara, os três vieram à grota para orar. Fiquei com um grupo de pessoas debaixo de uma árvore esperando. Nós oramos três terços. O rezador entrou no buraco com um terço na mão e um vidrinho com água benta. Quando os três saíram da grota, pareciam cansados. O senhor rezador explicou: "De fato, aqui estavam Espíritos que, maltratados, não perdoaram e se vingaram daqueles que foram carrascos. Hoje, graças a Deus, nosso trabalho foi produtivo, levamos embora todos os que receberam maldades." Ousei perguntar: "Entre eles estava um casal de brancos?" "Sim, estava; eles contaram que vieram para cá em busca de oportunidades para trabalhar, mas foram enganados e trazidos para a grota: a mulher e as filhas foram estupradas e mortas, e roubaram tudo o que eles traziam. As filhas foram socorridas, levadas para um lugar onde vão os mortos do corpo *de carne. Os pais não, sentiram ódio e se juntaram com alguns que foram escravos para se vingar. Esperaram o senhor e o feitor morrerem e os trouxeram para cá para castigá-los. Com o tempo, alguns desistiram e seguiram seus caminhos, ficaram doze. Oramos por eles e fizemos que entendessem que tudo o que sofremos tem motivos e conseguimos fazê-los lembrar desses motivos; a maioria chorou, e bons Espíritos que nos ajudam os levaram embora para um local de paz, bonito, onde aprenderão realmente a perdoar." "E o pano negro?", perguntei. "Pertencia à mulher branca, ela gostava de ficar com esse tecido que ela criara, plasmara, para demonstrar seu luto por ter as filhas longe. Estava sempre com esse pano e andava pela grota com ele. Achava-o bonito vê-lo voar."*

Severino fez uma pausa e, logo após, continuou a contar:

— *No outro dia, voltaram e, novamente, entraram os três na grota; duas horas depois saíram, e o rezador informou: "Os Espíritos que fizeram tantas maldades foram embora." "Para o mesmo lugar que os outros?", perguntei. "Não", esclareceu o senhor. "Claro que não, eles não se arrependeram. Os outros entenderam e foram para um bom lugar, estes dois foram tirados daqui, foi para isso que viemos, eles foram para um local feio e triste e lá permanecerão por um tempo até se arrependerem e quererem aprender a ser bons." No outro dia partiram. Doamos muitas coisas para eles: alimentos e roupas como mimos, pois soubemos que eram pobres. O senhor aceitou, agradeceu e afirmou que repartiria com os pobres da cidade onde morava. Depois dessas orações, ninguém mais ouviu ou viu algo assombrado na grota. Isso ocorreu antes que seu pai viesse para cá. A grota não tinha animais, nem mesmo os pássaros iam lá. Agora vão, porém não é um local bonito, e quem conheceu o lugar com as assombrações, ao ir lá, por qualquer coisa, leva susto.*

— Amanhã irei lá – decidiu Bruno.

— *Não verá nada de interessante.*

— "Padinho", estou suspeitando muito do casal vizinho. Por que o neto não escutou o tiro? Por que Claudino mentiu dizendo que estavam jantando? Por que Terezinha entrou na cozinha assustada e ofegante? E agora sei que eles têm motivo, ou ele tem.

— *O que você está pensando?* – Severino quis saber.

— Que Claudino saiu de casa para matá-lo. Terezinha foi atrás do marido, ele atirou, e ela correu para a casa. Será que ele viu a esposa ou não? Penso que Claudino aguardava uma ocasião propícia para assassiná-lo. Talvez numa discussão ela tenha confessado para o marido que o amava.

— *São deduções!*

— Mas são fortes. O senhor não acha?

— *Alguém atirou em mim, isso é um fato. Não sei quem foi, isso é outro fato. Você pode estar certo. Porém penso que não foi nenhum vizinho, sempre fiz de tudo para estar de bem com eles. Mas, se você suspeita de Claudino, pode ser que seja ele.*

— Vou colocar na lista o nome de Jerson. Ele pode pensar que tem motivos.

A chuva continuava. Bruno jantou, escutou por uma hora o rádio. Leu o *Evangelho* no capítulo que Romoaldo recomendara e, no item 8, depois que terminara, releu com voz pausada um texto:

[...] que não se deve pagar o mal com o mal; que o homem deve aceitar com humildade tudo o que seja de molde a lhe abater o orgulho; que maior glória lhe advém de ser ofendido do que de ofender, de suportar pacientemente uma injustiça do que de praticar alguma; que mais vale ser enganado do que enganador, arruinado do que arruinar os outros.

Orou e dormiu.

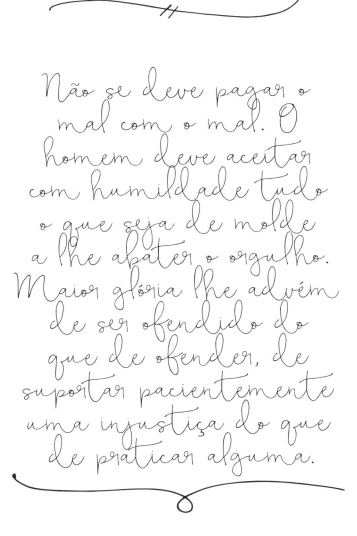

7

Os suspeitos

7

BRUNO ACORDOU BEM CEDO, O SOL DESPONTAVA NO horizonte e a claridade entrava pelas frestas do telhado, das janelas e da porta. Fez o que tinha que fazer e decidiu:

— Vou à grota!

— *Vá então pela estrada, siga em frente e avistará as árvores. Perto da estrada encontrará uma entrada; desça com cuidado e verá a grota. Preste atenção para não cair* – aconselhou Severino.

Bruno pegou a bicicleta, foi pedalando pela trilha até a estrada e, nela, seguiu em frente. De fato, do lado esquerdo, viu as árvores, foi para lá, encontrou a entrada, deixou a bicicleta e entrou na grota. Observou tudo com atenção e percebeu que realmente era um lugar muito diferente, estranho. Porém não sentiu nenhum desencarnado ali.

"Aqui tem tudo para ser um lugar bonito, mas não é",

concluiu. "As árvores parecem ser tortas e deixam a grota escura. De fato, parece não ter animais, não vejo nenhum pássaro."

Continuou andando, descendo, chegou fácil no fundo, onde viu água; indo para a frente, viu um paredão.

"De fato, não é um lugar interessante. Vou voltar. Será que se não soubesse o que aconteceu aqui, iria achar a grota mais bonita? Não sei, aqui foi palco de maldades, crimes, ódio, rancores e dores."

Subiu pela mesma trilha pela qual tinha descido e, quando saiu, respirou aliviado. Voltou para casa.

— De fato, "padinho", a grota não tem nada de interessante!

Resolveu verificar quanto tinha de dinheiro. Contou e recontou.

— *Você parece preocupado. Por quê?* – escutou de Severino.

— Para viajar, vir para cá, saí do emprego, peguei todas as minhas economias e, com o dinheiro que recebi, planejei meus gastos: quanto gastaria nas passagens de ônibus, na viagem para me alimentar e com meus gastos aqui: tive de comprar coisas para casa, comida. Recebi o dinheiro do cavalo, comprei a bicicleta e estou gastando mais do que o planejado, porque pensei em permanecer aqui somente uns dois a três dias. A viagem é demorada e, nas paradas, tanto nas rodoviárias como nos postos e restaurantes, a alimentação é cara. Vou separar o que gastarei com as passagens, alimentos e um extra, para o caso de precisar comprar um remédio, por exemplo. Esse dinheiro não posso gastar, senão não terei como retornar. O que restou para gastar aqui é pouco. Queria muito descobrir quem matou o senhor, porém, se não o fizer logo, não terei como permanecer no sítio. Ainda nem tentei vender a propriedade.

— *Dinheiro é sempre problema!* – exclamou Severino suspirando.

— Concordo: muito dinheiro é problema, pouco também é. Posso vender a bicicleta; com certeza, o farei por menos do que a comprei. Mas aí ficará mais difícil para eu ir à cidade. Posso saber por que o senhor suspira tanto?

— *Não fazia isso, não suspirava quando estava vivo como você. Penso que o faço agora porque estou estranhando muito viver assim, continuo vivo depois de morto. Mas não quero vê-lo preocupado. Se esse é um problema para você, a falta de dinheiro, não é mais. Afilhado, tenho, aqui em casa, dinheiro guardado. Seria para a plantação. Havia preparado o terreno, iria comprar as sementes e plantar. Quando cuidava da plantação, contratava homens da cidade para me ajudar e a eles pagava por dia. Sempre também tinha em casa uma reserva para meus gastos do dia a dia. Vou lhe mostrar onde está; se deixei o sítio para você, deixei tudo o que tem nele, até os animais, infelizmente recebeu somente pelo cavalo, mas as pessoas que os levaram tinham razão, se não os levassem eles morreriam de fome.*

— "Padinho", por que o senhor me fez seu herdeiro? – Bruno, curioso, quis saber.

— *Não tenho família, não tive filhos, e você é meu único afilhado. Quando seu pai me convidou para ser seu "padinho", fiquei orgulhoso e muito contente. Sua madrinha era empregada da sua mãe, ela já tinha idade e morreu logo que seus pais foram embora. Não queria morrer e deixar esse lugar sem dono, abandonado; acabaria sendo empossado por um estranho ou ficaria para o governo. Não queria deixar para os vizinhos e, infelizmente, não sentia amizade para doar para alguém que conhecesse. Fiz o testamento e comentei com muitas pessoas. Porém, se ficasse muito velho e impossibilitado de viver sozinho, venderia e iria para um asilo. Não pensava, não queria morrer agora, mas ainda bem que deixei tudo preparado. Ruim seria ficar aqui, como estou agora, depois de morto, e ver pessoas brigando por este lugar, e pior, se o assassino ficasse com o sítio.*

— Obrigado por ter me feito seu herdeiro. Muito obrigado!

"Poderia", pensou Bruno, "ter vindo visitá-lo, ter me correspondido com ele, com certeza teríamos gostado um do outro."

— "Padinho", gosto do senhor! – Bruno estava sendo sincero.

— *Às vezes tentava imaginá-lo, queria saber como era você. Depois de conhecê-lo, afirmo que você é melhor do que imaginava. Também gosto de você! Vou lhe mostrar onde está guardado o dinheiro. Tire este móvel daqui – mostrou uma mesinha de cabeceira pequena e pesada –, isso, agora olhe para a parede: Não está vendo nada, não é? Todo o rodapé é de madeira, tire essa tábua. Se a casa não ficava trancada, o dinheiro tinha de ser bem escondido. Pegue uma faca e force.*

Bruno então fez o que Severino ordenara, pegou uma faca e forçou a tábua, que se soltou. Ele viu um vão e, nele, papel pardo, no qual estava embrulhado uma quantia de dinheiro.

— Nossa! É muito! Nunca vi tanto dinheiro assim! – admirou-se Bruno.

— *Que bom, afilhado, que você ficou contente, fico também. Será que posso lhe pedir para você fazer uma coisa para mim? –* Severino não esperou pela resposta e disse o que queria: – *Há tempos, desde que minha situação financeira melhorou, ajudo as pessoas mais pobres da cidade. Ultimamente estava auxiliando uma mulher com três filhos. O marido dela foi embora da cidade em busca de emprego, prometendo que logo voltaria para buscá-los ou mandaria dinheiro para ela ir se encontrar com ele.*

O marido mandou dinheiro por cinco meses, com bilhete para ela não ir ainda porque ele estava arrumando um lugar para morarem. Depois não mandou mais nada e não deu notícias. A coitada teve de mudar da casinha que morava por não conseguir pagar aluguel e foi para um barraco.

— O senhor me explica onde é que irei lá – decidiu Bruno.

— *Não deve dar dinheiro. Maria Rita é o nome dela, se receber dinheiro, é bem capaz de ir atrás do marido. São oito barracos nesta parte da cidade, onde moram famílias muito necessitadas. O terreno é da Prefeitura. Precisam de tudo, mas são alimentos que quero que compre e leve para essas oito famílias, e mais para a Maria Rita.*

— Vou agora à cidade, "padinho". Compro os alimentos e levo para eles.

— *Você ficou contente! – observou Severino.*

— Todo bem que fazemos, que planejamos fazer, nos dá alegria. Uma coisa que gosto de fazer é ajudar as pessoas. Agora, com o dinheiro do senhor, poderei auxiliar.

Bruno separou uma boa quantia para as compras, deixando uma parte do dinheiro no esconderijo.

— *Deixei todo para você. O dinheiro é seu – lembrou Severino.*

— É nosso então. Estou indo. Na volta, conto para o senhor o que fiz. Almoçarei no bar, comerei o que eles têm por lá. Tchau!

— *Vá com Deus!*

Sentindo-se aliviado por ter algo para fazer, Bruno foi contente à cidade. Foi ao armazém, era como chamavam um pequeno mercado, e comprou alimentos básicos, bolachas, leite, alguns produtos de limpeza, e fez oito pacotes grandes. Pegou também produtos extras para Maria Rita. O dono do armazém emprestou para Bruno uma carriola, um carrinho que ele prendeu na bicicleta e foi para os barracos. Na cidade pequena, tudo era perto. Logo após – estava onde seu padrinho recomendara, num terreno mais afastado –, viu os oito barracos, cinco deles eram maiores e pareciam melhores. Perguntou por Maria Rita, e lhe indicaram um barraco; ele, na frente, chamou por ela.

Uma moça atendeu. Bruno achou que ela devia ser jovem, mas estava em tal estado de penúria que aparentava mais idade. Três crianças foram com ela, dois meninos e uma menina, com idade entre dois e quatro anos.

— Senhora – apresentou-se Bruno –, sou afilhado de Severino, chamo-me Bruno. Fiquei sabendo que meu "padinho" a ajudava e vim trazer algumas coisas para vocês.

Mulheres e crianças curiosas aproximaram-se dele e ficaram olhando, três homens observavam de longe. Bruno pegou os pacotes e foi dando para as mulheres, que agradeceram; deu doces para as crianças, que, contentes, comeram ávidas. Entregou os extras para Maria Rita.

— Moço – Maria Rita se emocionou –, tenho lembrado do senhor Severino, senti sua falta, e muita da ajuda dele, principalmente ontem que meus filhos choraram de fome. O senhor Severino me aconselhou várias vezes para eu não ir atrás de meu marido. Dizia que eu nem sabia se ele estava no último endereço nem na cidade que ele contou que trabalhava, que, com certeza, ele arrumara outra mulher. Porque, se Laerte tivesse morrido, teria sido avisada, assim como também se tivesse sido preso. Que seria difícil e perigoso eu viajar com três crianças. Ontem orei e prometi à Santa Rita que, se eu recebesse um sinal, iria desistir de vez de ir atrás dele. Aí o senhor chega aqui com esses alimentos e fala que veio em nome do senhor Severino. É o sinal que esperava. Decidi. Por nada vou atrás dele!

Enquanto ela falava, Bruno olhou por todo o lugar, não poderia dizer que ali era uma rua; era uma trilha, e os casebres, cinco de um lado e três do outro, era tudo o que tinha ali. No barraco de Maria Rita, a porta era virada para o fundo. Bruno ajudou-a a levar os pacotes com os alimentos. O barraco era de um cômodo pequeno, não tinha janela, e havia um puxado onde estava um fogão de lenha e uma mangueira, que tinha água. Perto, o moço calculou uns quatro metros, um cercado de madeira, a latrina. Tudo muito precário.

— Como você está vivendo? – Bruno sentiu que Maria Rita precisava desabafar, falar de si.

— Ah, moço! Estou com dificuldades! Quando solteira, trabalhava de boia-fria, diarista no campo. Serviço pesado, mas dava conta da tarefa. Minha família é muito pobre, ninguém tem condições de me ajudar. Conheci Laerte e me apaixonei por ele, que não se interessou muito por mim, mas insisti, fiquei grávida, fomos morar juntos, alugamos uma casa, e os outros dois filhos vieram. Laerte queria ir embora daqui e acabou indo trabalhar na construção civil; chorei muito, implorei para ele não ir, não adiantou, ele partiu sozinho, com a promessa de me mandar dinheiro ou me buscar. Quando ele parou de mandar dinheiro, não consegui pagar mais o aluguel e vim para cá. Não sei fazer serviço de uma casa de luxo para ser empregada doméstica e, depois, não é fácil arrumar por aqui trabalho em casas de família e, quando se consegue, é para ficar no emprego das seis às dezoito. Como deixar meus filhos pequenos sozinhos? Tenho medo. A mesma coisa é com o trabalho de boia-fria: até tentei, mas não estou mais tão esperta e não fui aceita. Demorei para entender que Laerte nunca me amou, eu o forcei a ficar comigo; penso que gosta dos filhos, mas concluí que ele gosta mais é dele mesmo. Deve ter se apaixonado e esquecido de nós, dos filhos.

Maria Rita suspirou e enxugou o rosto; vendo Bruno atento, porque ele entendeu que muitas vezes a maior caridade é escutar o outro, ela continuou:

— É muito doloroso sentir fome, mas pior é ver os filhos famintos. Terei alimentos agora para dar para eles. Deus lhe pague! Que o senhor Severino esteja em paz e com Deus! Obrigada, moço!

— Como você decidiu não ir mais procurar seu marido, vou lhe dar este dinheiro, mas guarde, use somente numa necessidade. Vi três homens trabalhando de pedreiro, arrumando um barraco. Será que eles não melhorariam o seu?

— Eles estão no momento sem trabalho, moram aqui, e ter um serviço será uma bênção para eles.

— Vamos chamá-los – determinou Bruno.

Foram à frente, Maria Rita os chamou, e Bruno perguntou:

— Quero melhorar o barraco de Maria Rita. Querem fazer o serviço?

Eles ficaram contentes. Bruno explicou o que queria fazer.

— Vamos aumentar esta parte do barraco, fazer as paredes de tijolos, um telhado novo e construir outra latrina. Comprarei duas portas, uma para o barraco e a outra para a latrina; onde está o fogão, vamos cobrir de telhas e fazer aqui duas paredes. Quanto cobram pelo serviço?

Falaram a quantia.

— Pago um pouco a mais, e agora. Aqui está o dinheiro,

confiram. Iremos à loja de materiais de construção e comprarei o que precisam; comecem já.

Os homens ficaram contentes, e Maria Rita mais ainda, ela chorou.

— Maria Rita – Bruno disse com carinho –, ficará mais acomodada e segura com seus filhos.

Bruno, com um dos homens, foi à loja de materiais de construção; lá separaram o que precisariam. Comprou um pouco a mais de tijolos, cimento, telhas, duas portas e também ferramentas, que deu de presente para os três. A loja entregaria em seguida.

— Amanhã irei ver o que fizeram e quero tudo bem feito – avisou Bruno.

— Faremos, sim, e agradecemos. O senhor gostará do nosso serviço, nos chamará para outros com certeza. Vamos começar já.

Bruno sorriu. Preferiu que eles pensassem que teriam a possibilidade de trabalhar para ele. O homem pegou carona na camionete de entregas. O moço foi a uma loja de roupas e comprou muitas peças infantis. Maria Rita falara quantas crianças tinha ali e a idade; comprou mais para os filhos dela, adquiriu também toalhas e lençóis. Avisou que pegaria a compra no outro dia, sábado. Entrou no bar e comeu salgados, um sanduíche e depois foi à praça, sentou onde o grupo se reunia e esperou. Não demorou muito, Zé Lito chegou.

— Senhor Zé Lito, agradeço por ter vindo mais cedo, preciso mesmo contar uma coisa para o senhor – Bruno resolveu ir direto ao assunto e falar antes da chegada dos outros –. Encontrei, na casa do meu "padinho", um envelope com documentos dele, certidões, título de eleitor etc. e dois exames

– mentiu –. O primeiro, de muito tempo atrás; o outro, da data em que o senhor contou que sua irmã morreu. Esses exames atestam que Severino era estéril, não podia ter filhos.

Zé Lito abriu os olhos e a boca, ficou paralisado, e Bruno continuou:

— Severino era mulherengo. Por que nenhuma mulher teve filhos dele? Porque ele não podia procriar. Sendo assim, senhor Zé Lito, meu "padinho" não era o pai do filho que Lindalva esperava.

— Estou lembrando que Severino viajou naquela época, ele foi à capital – Zé Lito comentou.

— Talvez meu "padinho" quisesse confirmar, pelo segundo exame, se de fato continuava estéril.

— Ele não comentou nada. Não se defendeu das acusações que sofreu – lamentou Zé Lito.

Bruno resolveu continuar mentindo.

— Penso que Severino não quis complicar mais ainda a vida de Lindalva, mas também não quis assumir a paternidade. Penso também que ele entendeu que Lindalva quis enganá-lo.

Zé Lito ficou calado por instantes, Bruno respeitou seu silêncio.

— Eu que odiei Severino por tanto tempo! Ele não se defendeu em respeito a Lindalva.

— O senhor é cristão e não deveria odiar. Se estou contando isso agora, é para que não tenha mais esse sentimento negativo pelo meu "padinho".

Bruno ficou atento, observando bem Zé Lito enquanto contava. Ele era um dos suspeitos. Quem odeia é capaz de tudo, de fazer muitas coisas, de assassinar. Olhou muitas vezes em seus olhos e não sentiu ser ele o assassino. Porém podia estar enganado.

"Nunca estive diante de um assassino."

Continuou atento às expressões dele. Percebeu que Zé Lito ficou pesaroso por ter sido injusto e por ter sentido mágoa por tanto tempo de alguém que não merecia.

— Quem foi o outro? O pai da criança? – Zé Lito se questionou. – Na época vi que Marcelo a olhava muito. Será que foi ele o outro amante de minha irmã?

— Senhor Zé Lito, permite um conselho? O senhor reconheceu agora que foi injusto com o meu "padinho". Ele poderia ter falado, mostrado o exame para o senhor, para todos, e, por respeito a Lindalva, não o fez. Por que não esquece e para de odiar ou procurar outra pessoa para continuar com a mágoa? Está sentindo agora que foi injusto, não o seja mais. O senhor e o senhor Marcelo são amigos. Por que duvidar dele? Se Lindalva não contou quem era o pai do filho que esperava, teve os motivos dela. Por que deseja saber? E se souber, o que irá fazer? O que mudará? Para sabermos de uma história toda e entendê-la, é preciso escutar as partes envolvidas. Cada um tem sua versão num fato. Não pode escutar a de Lindalva; por isso, senhor Zé Lito, esqueça. Pense na sua irmã bem, bonita e feliz. Depois, sinto em dizer: ela não teria cometido o suicídio se tivesse encontrado apoio familiar.

— Você tem razão. Obrigado por ter contado somente para mim. À noite vou rezar e pedir desculpas a Severino, espero que ele possa me escutar e me desculpar. Esquecerei esse assunto. Não vou procurar saber quem era o amante de Lindalva, o pai do filho dela; se minha irmã não contou, devia ter seus motivos.

— Perdoe, senhor Zé Lito; desculpe a todos de coração como você também precisa de desculpas. Lembra da oração do pai-nosso? Somos perdoados conforme perdoamos.

— Vou lembrar. Agradeço novamente.

— Este assunto deve ser encerrado. Por mim, ninguém mais vai saber.

Calaram-se. Dez minutos depois, os outros foram chegando, e Jerson informou:

— Marcelo não vem hoje, foi à capital levar a mulher dele.

— Esse nosso amigo não é feliz! – comentou Alceu. – Casou-se por interesse, a esposa o faz de empregado. Com certeza, não valeu a pena. Melhorou de vida financeira, mas não é feliz. Às vezes ele se queixa que tem de fazer tudo o que ela quer.

— É verdade – opinou Alexandre –, não vale a pena casar sem amor. Minha mulher e eu sempre nos amamos, passamos por momentos complicados, mas o amor esteve sempre presente em nossa vida. Agora velhos, cuidamos com carinho um do outro. Com amor, sempre vale a pena!

— O senhor Marcelo tinha motivos para não gostar de Severino? – perguntou Bruno.

— Tinha, sim – Alexandre explicou –. Marcelo tem uma irmã que, na época em que ocorreu a desavença, havia passado da idade de casar; ela queria ir embora daqui, a família não queria que a moça fosse, então Marcelo foi ao sítio Grota Profunda conversar com Severino. Ele contou para nós que foi amigável, educado e pediu para seu "padinho" casar com a irmã e que construiria para eles uma boa casa no sítio e lhe daria dinheiro. Severino recusou; como Marcelo insistiu, seu "padinho" foi grosseiro e o expulsou do sítio. Não se pode expulsar uma pessoa assim! Isso deve estar fazendo uns dez anos, e Marcelo o detesta. A irmã dele foi para a capital, lá mora com um homem e tem dois filhos. Ela envergonhou a família porque esse homem é casado.

— O senhor Alceu parece que é o único aqui que não tem motivos para não gostar de Severino - observou Bruno.

— Não tenho mesmo - afirmou Alceu -, não gostava dele por solidariedade aos amigos.

Mudaram de assunto. Bruno foi informado de que no sábado outras pessoas se juntavam a eles e que nem todos do grupo iam, e que domingo nenhum deles se reunia na praça. Era dia de ficar com a família.

Bruno se despediu e foi telefonar para a mãe. O telefonema foi rápido, porque ligou para o trabalho dela, na padaria. Depois de saber que todos estavam bem, deu notícias suas e mandou abraços para todos.

Ele voltou para o sítio. Ao passar em frente à casa dos vizinhos, Terezinha o chamou. Após os cumprimentos, ela indagou:

— Você gosta da cidade? Vai lá todos os dias. Severino ia pouco.

— Gosto da cidade - respondeu -. Estou me sentindo inquieto por não ter nada para fazer. Lavo, cozinho, durmo e não tenho nem com quem conversar. Vou à cidade para me distrair. A senhora disse que meu "padinho" ia pouco à cidade, com certeza vê quem passa pela estrada. Sinto-me também inquieto por outro motivo, queria saber quem o matou e por quê. A senhora sabe quem foi? Sabe, dona Terezinha?

— Eu?! Não, claro que não! Por que saberia?

Terezinha ficou nervosa, Bruno percebeu que suas mãos tremeram.

— A senhora parece estar sempre bem informada sobre os acontecimentos que ocorrem com as pessoas que moram na região. Sabe ou não quem matou meu "padinho"?

— Não! Eu não sei! Até logo!

Fechou a janela. Bruno voltou à estrada.

"Por que dona Terezinha ficou tão nervosa? Foi ela ou essa senhora viu quem foi. Estará protegendo o marido?"

Quando chegou em casa, contou detalhadamente a ajuda que fizera na cidade.

— *Afilhado, você não gastou muito dinheiro?* – Severino se preocupou.

— Senti vontade, "padinho", de fazer isso.

— *Estava aqui e, de repente, senti paz, tranquilidade e orei. Senti como que escutasse "obrigados" e "Deus lhe pague". Senti-me bem* – Severino se emocionou.

— Quando fazemos o bem, a nós o fazemos. Eles agradeceram, e o senhor sentiu a energia da gratidão, que é maravilhosa. – Bruno mudou de assunto: – Conversei com Zé Lito, contei a ele o que combinamos. Ele afirmou que depois, em suas orações, se desculparia com o senhor. Ele sentiu ter sido injusto, se aborreceu, mas senti que ele não é um assassino. Aconselhei-o não procurar saber quem foi o pai do filho de Lindalva. O senhor Zé Lito me contou que vira Marcelo olhar para a irmã e, com certeza, era esse amigo o amante de sua parenta. O senhor Marcelo não foi hoje à praça, disseram que ele fora com a esposa à capital, que se casara por interesse e que ele não gostava do senhor porque uma vez ele veio aqui oferecer a irmã para que o senhor se casasse com ela.

— *Isto foi verdade* – confirmou Severino –. *Penso também que ele se casou por interesse, é o que todos comentam. Não deve ter sido feliz no casamento. Não fiquei sabendo que Marcelo traíra a esposa, deve sentir medo dela. Terezinha fofocou que a esposa dele desconfiou do marido, Zé Lito, que ele olhava para a irmã. Isso não importa mais, muitos sofreram com essa história. De fato, Marcelo veio aqui na Grota Profunda oferecer a irmã para que eu me casasse com ela, quis fazer uma troca, construiria uma casa nova e boa, me daria gado. Neguei com educação, falei que não estava nos meus planos casar etc. Ele insistiu, perdi a paciência, xinguei e o expulsei do sítio. Penso que isso não seja motivo para me matar. Teria motivo se ele foi mesmo o amante de Lindalva e desconfiasse que eu sabia, mas ele não me mataria agora, depois de tantos anos.*

— Na volta – contou Bruno –, dona Terezinha me chamou, estava na janela; fui lá, conversei com ela por alguns minutos; depois, fui direto e a indaguei se ela sabia quem matou o senhor. Nossa vizinha quase teve um ataque, ficou nervosíssima. Tenho quase certeza de que foi o Claudino. Ela protege o marido.

Calaram-se por instantes.

— O senhor Alceu – lembrou Bruno – é o único que não tem, naquele grupo, motivo para ter assassinado o senhor.

— *Alceu! Meu Deus! Foi ele!* – gritou o desencarnado.

— O quê?! O senhor o viu? Viu Alceu atirando? – Bruno se surpreendeu.

— *Não vi nada! Mas lembrei. Alceu tem, sim, motivo. Foi a única pessoa que prometeu me matar. Vou contar a você o que aconteceu. Deve estar fazendo uns dez anos. Estava, numa noite, bebendo num boteco, e Alceu também. Ele, embora seja casado, sai por aí com mulheres e bebia muito. Nessa noite, ficamos nós dois bêbados e saímos juntos do bar para irmos embora. Nossos cavalos estavam amarrados ao lado do bar, devia ser vinte e três horas, muito tarde por esses lados, e não havia ninguém na rua. Começamos a falar de futebol; engraçado que nem ele nem eu gostávamos assim desse esporte, mas, bêbados, passamos a discutir; ele me empurrou, eu revidei, e, então, trocamos socos, brigamos feio, levei uns murros, machuquei-me, cortei a testa e os lábios, mas dei uma surra e tanto nele. Cambaleando pela bebida e pela briga, montamos no cavalo, e Alceu jurou: "Vou matar você, Severino. Mato! Nem que demore anos, vou matá-lo! Juro por Deus!" Fomos embora, fiquei no sítio, e ninguém viu meus ferimentos. Soube que Alceu contou que, bêbado, caíra do cavalo. Não desmenti. Cinco meses depois dessa briga, num domingo, fui à missa; quando saí da igreja, ao passar perto de Alceu, ele me encarou e disse baixinho: "Jurei e está jurado! Irei cumprir minha promessa!" Arrepiei-me; se antes não dera importância à promessa dele, naquela manhã me preocupei. Fui à cidade vizinha, comprei um revólver, aprendi a atirar, contei para todos que comprara uma arma, que atirava bem e, por uns tempos, andei armado. Fiz isso mais para intimidá-lo, porém me defenderia, mas não o mataria, aprendi a atirar para acertá-lo no braço, na mão, para que Alceu não me matasse. Não pensei em emboscada. Quem embosca é covarde. Nada aconteceu, eu esqueci e pensei que ele esquecera. Alceu cumpriu o que prometeu agora, anos depois. Foi ele! Quero que o coloque como primeiro suspeito.*

— O que fazer para ter certeza? Como saberemos que foi ele quem matou o senhor? – Bruno estava indeciso.

— *Convide Alceu para vir ao sítio. Aqui, converse com ele; ao vê-lo e escutá-lo, saberei se ele me matou.*

Bruno pegou a lista, escreveu o nome de Alceu como o principal suspeito.

— "Padinho", eu ainda penso que é o casal de vizinho. Mas se o senhor acha que é Alceu, vou planejar e dar um jeito para que ele venha aqui. Eu os verei somente na segunda-feira. Terei de dar uma boa desculpa e conversar com jeito, porque, se ele for o assassino e desconfiar que eu sei, receio que ele me mate.

— *Temos de ter cautela!* – pediu Severino.

— Ao pensar no senhor Alceu, não o sinto assassino!

— *Assassino tem cara diferente?*

— Penso que não. Na segunda-feira, conversarei com eles novamente e tentarei descobrir se Alceu cumpriu ou não a promessa que fez.

Com a lista na mão, lia um nome e pensava na pessoa: "Será que foi ele?" Fez isso com todos. Pareciam suspeitos demais. "Este?" "Não!" "Pode ser!" "Qual deles?" "Meu Deus, como é difícil!"

Concluiu que podia ser qualquer um deles. Todos conheciam bem a região: era somente vir por esse lado de bicicleta ou andando, para não fazer barulho e não ser notado; se esconder na grota; ficar depois na estrada de tocaia; atirar; voltar à grota; esperar todos irem embora; e de madrugada voltar para casa. Ali todos conheciam o Grotão do Susto e os hábitos das pessoas. Todos, para Bruno, da lista, eram suspeitos, mas, para ele, Claudino era ainda o principal, ele nem precisaria se esconder, era só correr para sua casa.

Leu o *Evangelho*, abriu ao acaso no capítulo 15, "Fora da caridade não há salvação", no item 3:

Toda a moral de Jesus se resume na caridade e na humildade, isto é, nas duas virtudes contrárias ao egoísmo e ao orgulho. Em todos os seus ensinos, ele aponta essas duas virtudes como sendo as que conduzem à eterna felicidade [...]

Fez a leitura, como sempre, lendo devagar, orou e foi se deitar.

Pensou na leitura que fizera e dormiu.

Toda a moral de Jesus se resume na caridade e na humildade, isto é, nas duas virtudes contrárias ao egoísmo e ao orgulho. Em todos os seus ensinos, ele aponta essas duas virtudes como sendo as que conduzem à eterna felicidade.

8

Desistindo da investigação

NO OUTRO DIA, SÁBADO, DEPOIS DE FAZER SEUS AFAZEres, Bruno ficou novamente inquieto.

— *Vamos conversar* – convidou Severino –, *assim o tempo passa rápido.*

— Estou pensando em ir à cidade, almoçar por lá, pegar as roupas que comprei, ir novamente aos barracos e ver o que os homens que contratei fizeram. Se sentir firmeza em Maria Rita de não ir atrás do marido, darei mais dinheiro a ela; assim, por um tempo, não passará fome.

— *Já os ajudou bastante, mas, se quer doar mais, tudo bem.*

— "Padinho", será que não foi uma mulher quem matou o senhor? Por aqui mulheres não matam?

— *Matam, sim, mas bem menos que os homens. Tenho a certeza de que não foi nenhuma mulher. Sempre fui gentil com elas, trato-as bem e sempre fui sincero. Tive casos, mas não namoradas, não enganei nenhuma, nunca prometi algo que não tenha feito, como casar ou algo assim. Tive dois envolvimentos mais sérios. O primeiro foi com Selminha, uma prostituta, a conheci na cidade vizinha e, depois de uns meses que havíamos nos conhecíamos, ela veio morar aqui no sítio. Gostei, Selminha passou a fazer o serviço de casa, cozinhava bem, era alegre, alegrou meus dias. Não a amei nem ela me amou. Estávamos convivendo bem, quando ela se cansou da vida pacata, foi sincera, disse que não se acostumaria, queria o agito da vida noturna; eu a levei à cidade, dei-lhe dinheiro, separamo-nos numa boa. Selminha foi depois embora para a capital e nunca mais soube dela. Ficou aqui por cinco meses. Outro envolvimento foi com uma mulher separada do marido; não moramos juntos, ela vinha aqui, e eu ia à casa dela; nos encontramos por sete meses, aí o marido voltou, e ela ficou com ele.*

— Não pode ser esse marido o assassino? – perguntou o moço.

— *Com certeza, não. Porque ele, na época, não se importou de a esposa namorar comigo, porque estavam separados. Depois, ele faleceu há cinco anos. Essa mulher mudou-se daqui. Ela me queria bem, porque eu a ajudei quando precisou.*

— O senhor teve alguma coisa com Maria Rita? – Bruno interessou-se em saber.

— *Não tive. Ajudei-a porque fiquei com dó dela e das crianças. Como disse, auxiliava os pobres. Há tempos não me envolvia com ninguém. Por isso, com certeza, não foi nenhuma mulher.*

— Terezinha é suspeita!

— *Sua e não minha. Mas pode ser que ela tenha visto o crime ou sinta medo, achando que possa ser o marido quem atirou em mim. Terezinha não mata nem frango.*

— Vou ler o *Evangelho*!

Abriu no capítulo que tratava do duelo.

— *É um assassinato!* – comentou Severino. – *Duelo é um crime planejado, porém a pessoa participava sabendo que iria morrer ou matar. Quando matei aquele jovem, foi diferente. Com certeza, ele planejou me atacar, prefiro pensar que não me mataria, mas pode ser que sim, que tivesse a intenção. Se tivesse planejado, saberia que meu pai não deixaria por isso mesmo. Eu não planejei, agi em defesa, mas não precisava matá-lo. Quanto à minha morte, penso que foi planejada e bem calculada. Acabou com minha vida!*

— O senhor continua vivo! – afirmou Bruno. – A vida não acaba! Ninguém acaba com a vida! Ao atingir seu corpo carnal com tiros, destruíram o veículo que usava para se manifestar no plano físico; assim, o senhor deixou de se manifestar por este canal. Que irresponsabilidade! A vida, "padinho", é indestrutível, tanto que continua vivo. Matar é desligar uma pessoa da existência corporal e levá-la a viver de outra maneira. Assim, ninguém pode matar a vida, só se pode inutilizar um veículo da existência de uma pessoa, de quem desencarnou. "Padinho", a pessoa que o assassinou o tirou da vida encarnada, privou-o de continuar trabalhando no sítio, produzindo alimentos, privando também aquelas oito famílias, Maria Rita, de receber seu auxílio. Veja que imprudência!

— *Eu matei aquele moço, também o privei de ser um homem adulto; talvez casasse, tivesse filhos, fizesse coisas boas... ou não: talvez tivesse se tornado um estuprador, um assassino. Mas ninguém mesmo tem o direito de destruir, como você disse, o veículo de um espírito.*

Bruno olhou as duas xícaras em cima da mesa e fez uma comparação. Pegou-as e bateu uma na outra, com força.

— Se estas xícaras fossem duas pessoas se confrontando, as

duas seriam lesadas, machucadas. – Deixou uma xícara parada e fez a outra bater nela. – Se uma somente agredir, o baque atinge as duas. Assim são as agressões. Agora, se a que recebeu a pancada revidar, as duas batem novamente. Pode uma quebrar ou as duas. Mas, quebrada, ainda tem pedaços e pode se organizar e tentar quebrar a outra ou se quebrar mais. Ambas ficam frágeis pelas batidas. Assim são as violências entre nós humanos. Vingança, revide... machuca os envolvidos. Mas se uma das xícaras não revidar mais ou não descontar, normalmente termina essa inimizade. O que parou pode se harmonizar se perdoar e esquecer as agressões. O agressor, que também se machucou, se ele não se harmonizar, ficará com os ferimentos fazendo-o sofrer. Se um dos envolvidos nesse conflito ajudar o outro a se equilibrar, os dois ficarão bem.

— Penso que entendi o que você explicou. Talvez eu tenha ofendido uma pessoa, e ela revidou. Se agredi, recebi a agressão, não devo revidar, mas sim parar por aqui, e, se perdoar de coração, posso ajudá-la a se harmonizar. Porém o remorso pode doer; quanto a isso, eu nada posso fazer. Não quero revidar, não quero tirar mais ninguém do veículo que é o corpo carnal.

— Queira, "padinho", ser bom. E, quando souber quem o matou, mande, para essa pessoa, energias boas, de perdão, assim ele acabará por melhorar. Porque, "padinho" somos perdoados conforme perdoamos.

Ficaram calados por alguns instantes. Bruno decidiu:

— Vou agora para a cidade!

A praça estava mais movimentada. As pessoas faziam compras, passeavam. Havia uma feira na praça, barracas de frutas, verduras e artesanatos. Bruno olhou tudo e resolveu que, depois de ir aos barracos, voltaria para comprar presentes para levar para seus familiares. Numa barraca, um casal fazia uma comida típica da região. Bruno pediu oito pratos grandes e recomendou que fossem bem fartos. Foi à loja pegar as roupas que comprara e conseguiu colocar o pacote na garupa; as oito embalagens de isopor com a comida foram colocadas em duas sacolas. Foi aos barracos. Lá, viu com alegria que os três homens fizeram a latrina para Maria Rita, e que ficara boa e segura, e que começaram a erguer a parede que aumentaria o barraco. Distribuiu as roupas e deu, para cada família, uma embalagem com a comida. Todos se alegraram.

— Agradeço-lhe muito, Bruno – Maria Rita realmente estava agradecida –. Vou ficar, com certeza, mais acomodada e segura no meu barraco.

— Você ficará mesmo aqui na cidade? – Bruno quis ter certeza.

— Se quer saber se tenho intenção de ir atrás do Laerte, posso jurar que não.

— Sendo assim, vou lhe dar mais este dinheiro.

— É muito! – Maria Rita se admirou.

— Por isso estou lhe dando escondido, não conte para ninguém e gaste somente quando precisar – aconselhou o moço.

Despediu-se afirmando que voltaria para ver o trabalho que seria feito. Voltou à praça, resolveu alimentar-se por ali; depois comprou peças de artesanatos: uma toalha bordada para a mãe, colares e pulseiras para a cunhada e a irmã, um brinquedo interessante e diferente para o sobrinho e três porta-moedas, para o pai, para o irmão e para ele.

No local onde o grupo se reunia, estavam uns homens que não conhecia e Jerson. Foi para lá, cumprimentou, foi apresentado, sentou-se e participou da conversação.

— A praça está mais bonita assim, movimentada – elogiou Bruno.

— Todos os sábados e domingos temos esta feira. Amanhã teremos missa, às nove horas e trinta minutos. Padre Joãozinho virá. Conhece ele? – Jerson perguntou a Bruno.

— Não tive ainda esse prazer – respondeu o interpelado.

— Precisa conhecê-lo, é uma excelente pessoa – Airton se entusiasmou.

— Se você não o conhece, não deve saber a história dele – concluiu Jerson.

— Gostaria de saber, por favor – rogou Bruno.

— Conte, Bernardo, você sabe muito dessa história, nos brinde com a sua narrativa – pediu Jerson.

— Não é que saiba mais, é que me empolgo, admiro padre Joãozinho. – Bernardo acomodou-se melhor no banco, fez uma pausa e, vendo todos atentos, começou a contar: – Faz treze anos que aconteceu. Padre Joãozinho era jovem quando se ordenou, tornou-se sacerdote e veio para a região; tem residência na cidade vizinha, ele vem aqui à nossa cidade de quinze em quinze dias. Atende confissões antes da missa, celebra e, após, quando tem, realiza casamentos e batizados. À tarde vai para outra cidade. É um bom sacerdote, prestativo, caridoso e paciente. O que aconteceu com ele foi numa quaresma em que fazia vigília na igreja da cidade em que exercia o sacerdócio; fica aqui perto, mais para o norte. A igreja estava somente com uma das portas laterais aberta. Três homens entraram, devia ser vinte e três horas, estavam vestidos com roupas pretas e com capuz. Fecharam a porta. Estavam na igreja um casal e ele. Os homens os amordaçaram, amarraram o casal e o levaram para a sacristia, deixando-os lá trancados.

Amarraram o padre Joãozinho no altar, abriram sua batina na frente e o torturaram. Com ferro quente queimaram seu peito, depois quebraram imagens dos santos, roubaram o pouco dinheiro das esmolas. Foi um episódio muito triste!

Fez uma pausa.

— Que horror! – exclamou Bruno admirado.

— Sim, foi um horror – concordou Bernardo –. O homem, preso com a esposa na sacristia, depois de muito esforço, conseguiu se soltar, desamarrou a mulher, forçou a porta e viu que estava trancada; preocupados com o pároco, pensaram como fariam para pedir socorro e, com a graça de Deus, encontraram a solução. Pela sacristia, ele sabia que poderia subir na pequena torre onde ficava o sino; foi para lá e tocou desesperadamente o sino. Acordou todos da cidade, que correram para a igreja. Quando esse homem viu as pessoas se aproximando, gritou por socorro. As pessoas arrombaram a porta lateral, entraram na igreja. Foi um rebuliço. Assustadas, socorreram o padre, o médico foi chamado. Padre Joãozinho foi levado para o hospital, onde ficou treze dias internado. O coitadinho ficou amarrado sentindo dores das queimaduras por cinco horas.

— Pegaram quem fez isso? – Bruno estava indignado.

— Não – Bernardo foi lacônico.

— Conte o pior – pediu Jerson.

— Pior?! – Bruno se assustou. – O que pode ter acontecido de pior?

— As queimaduras! – Bernardo lembrou. – Fizeram no peito dele símbolos macabros, sinais do capeta, do demônio, de rituais satânicos.

— Cruz-credo! Ave-maria! – Bruno expressou, interrompendo a narrativa de Bernardo.

— Foi isto mesmo! – confirmou Bernardo. – Entendo que o moço esteja apavorado, e não pense que aqui é um lugar violento. Temos notícias de que, pela região, ocorreu somente esse caso. Esses homens, com certeza, não eram da região e pertenciam a um grupo satânico, foi essa a conclusão da investigação. Por mais que investigassem, ninguém tinha conhecimento de grupo que agisse como esses homens cruéis.

— Com certeza – Jerson o interrompeu –, se alguém sabia, não quis falar, ninguém protege as testemunhas por aqui. Depois, ouvimos que essas seitas são muito fechadas, punem com morte os delatores.

Bernardo olhou para Jerson reprovando a interrupção. Ele narrava de tal modo que Bruno, que acompanhava atento, imaginava as cenas.

— As pessoas que viram as queimaduras no peito do padre Joãozinho – Bernardo continuou a contar – afirmam que são pelo peito todo, tem figura do capeta com chifres, figuras horripilantes, cobras e uma mulher nua.

— Ele ficou com essas figuras no peito? – Bruno quis saber.

— Sim, ele as tem – Bernardo resolveu explicar para Bruno, que era a primeira vez que escutava a história, que era muito repetida por ali –. Queimaduras deixam cicatrizes. Você já viu um gado marcado? Já! Então sabe como é. Fizeram isso com os escravos na época da escravidão. As cicatrizes ficaram no peito dele como marcas, as figuras são nítidas. O bispo na ocasião tentou abafar o caso; de fato, a notícia ficou somente por aqui. Comentaram que ele, por meio de outras queimaduras, poderia modificar as cicatrizes, mas padre Joãozinho sofreu tanto... Como fazer algo para sofrer mais? Também foi dito que ele poderia fazer algumas tatuagens em cima das figuras e modificá-las, mas também seriam doloridas. O bispo foi com ele a uma cidade grande, onde um arcebispo e outros padres exorcizaram as figuras.[4] Comentam que havia

---

4. NAE: Normalmente, figuras feitas espontaneamente no corpo físico de uma pessoa, seja por tatuagem ou queimaduras, têm significado para o tatuado ou queimado. São escolhidas as figuras por acharem-nas bonitas, por fazê-las lembrar de bons acontecimentos, de pessoas que amam etc. Infelizmente, nos escravos, eram sinais de que eram fujões ou eram marcados com o emblema de seu dono. Também se usam tatuagens como símbolo capaz de trazer felicidade, força etc. Conheci uma pessoa que fez uma tatuagem no braço para lembrar que tinha de se vingar de um desafeto. Normalmente essas figuras ficam somente no corpo físico. Porém, quando são feitas com má intenção ou como um pacto, marcam também o perispírito. Se essas gravuras, as que fizeram neste padre, fossem espontâneas ou um pacto, marcariam também o corpo perispiritual. Adoradores das trevas costumam fazer rituais satânicos, tanto encarnados como desencarnados que são imprudentes, moradores das zonas umbralinas, costumam usar símbolos macabros. As figuras no peito do padre Joãozinho ficaram somente no seu corpo carnal; com certeza, era algo que o incomodava, mas as teve como alerta e como sinal de que deveria amar mais ainda a Deus e ao próximo. Esses homens que o atacaram não o escolheram por acaso. Eles o torturaram e o marcaram com aquelas figuras satânicas por uma razão. Ao escutar essa história, visitei esse sacerdote, que está com o corpo físico idoso. Ele é muito carismático, pessoa boníssima. Um Espírito bom, que estava ao seu lado, me contou que ele tinha feito parte, há duas encarnações, de um grupo satânico. Arrependeu-se, converteu-se, sofreu e quis reparar seus erros do passado fazendo o bem. O

um representante do Vaticano. Fizeram muitas orações e concluíram que aqueles símbolos macabros estavam somente no corpo de carne dele e não no seu espírito, e que não havia nada para exorcizar. Se antes padre Joãozinho era bondoso, fiel e casto, tornou-se muito mais. Ao vê-lo, conversar com ele, sentimos a paz, pelo amor que ele irradia. Com certeza, aquelas figuras em seu peito o incomodam ou, como o padre afirma, servem de alerta para estar sempre com Jesus. Quando padre Joãozinho celebra a missa e levanta o cálice para consagrar as hóstias, ele o coloca em seu peito. Pessoas já viram luzes saírem do cálice e inundá-lo.

— Amanhã venho à missa para conhecê-lo – decidiu Bruno –. Ninguém mesmo ficou sabendo quem eram esses homens cruéis? – insistiu o moço.

— Nada! – foi Jerson quem respondeu. – Nem o Onorico sabe, pelo menos foi o que ele afirmou.

— Onorico é um macumbeiro – explicou Bernardo. Ele mora numa casa ao lado da estrada, entre nossa cidade e a vizinha. Ele faz trabalhos por encomenda e cobra caro. Diz fazer pessoas se casarem, outras se separarem, até adoecerem e outras coisas mais. Padre Joãozinho foi conversar com ele. Pessoas

---

chefe satânico desencarnado não o perdoou pela deserção e quis puni-lo; deu ordens a seus seguidores encarnados para o castigarem ou o fazerem lembrar de seu passado. Padre Joãozinho de fato teve algumas recordações, mas essas o incentivaram mais ainda a fazer o bem, e sofreu sem reclamar. Esse grupo satânico não calculou que padre Joãozinho, depois dessa tortura, se tornaria uma pessoa melhor. É realmente prazeroso desfrutar de sua companhia.

que o acompanharam contaram que Onorico, ao ver o sacerdote, ajoelhou-se, debochou e explicou que estava fazendo reverência às figuras no peito dele. O padre sorriu e calmamente aconselhou que ele deveria adorar somente a Deus Criador. A conversa não deu em nada. Esse macumbeiro se defendeu dizendo que ele sabia o significado das figuras, mas que não participara da tortura e não sabia quem eram aqueles homens.

— Esse macumbeiro tem sofrido... – Jerson começou a contar, mas Bernardo o interrompeu:

— Depois desse acontecido, a mulher de Onorico faleceu; ele tinha dois filhos e uma filha, a mocinha com quinze anos morreu de câncer, sofreu muito. Um filho participou de um assalto na capital do nosso estado e está preso, o outro foi assassinado. Faz maldades aos outros, a vida faz mal a ele. É a bola que vai e vem. Maldades atraem maldades e sofrimentos.

— Tenho setenta e seis anos – disse um homem –, já vi muitas coisas. Pessoas boas sofrem diferente, são calmas, tranquilas. As pessoas más padecem mais porque não estão bem consigo mesmas nem com Deus. Basta olhar para Onorico e depois para padre Joãozinho e ver que a diferença é enorme. Pior que se Onorico fez mesmo pacto com o demo, quando morrer, irá com ele para o inferno. Cruz-credo!

— Cruz-credo! – todos repetiram.

O grupo se desfez, Bruno ficou andando pela praça, comprou frutas, verduras e resolveu ir embora.

Foi pensando no que ouvira. Já tinha escutado que havia grupos satânicos e que até faziam sacrifícios humanos, tomavam sangue e faziam muitas maldades.

"Que imprudência!", pensou Bruno. "Com certeza, as pessoas que fizeram isso com o padre, até então não havia escutado nada assim tão macabro, são Espíritos trevosos reencarnados e, quando desencarnarem, continuarão sendo, e como moradores do umbral. Fazem maldades nos dois planos, porém terão de dar conta de seus atos, o retorno chegará. Por que será que fizeram isso com padre Joãozinho? Será que o escolheram por acaso?"

— *"Penso"*, Romoaldo deu sua opinião, *"que nada acontece por acaso. Pode ser que padre Joãozinho tenha feito parte de um grupo assim, converteu-se e tinha de receber o retorno de seus atos, ou pode ter sido uma prova. Ele recebeu um ato maldoso, perdoou, tornou-se um ser melhor. Passou nessa prova. Todos os atos têm causas. O importante é que esse Espírito, que nesta encarnação tem por nome João, é uma excelente pessoa."*

Bruno estava impressionado com o que escutara. Perto da bifurcação da estrada, viu Claudino sentado debaixo de uma árvore; cumprimentaram-se, e ele convidou-o a sentar. Bruno pensou em recusar, mas acabou sentando-se ao lado dele.

— Você está investigando a morte de Severino? – Claudino foi direto ao assunto.

Bruno sentiu medo. Lembrou-se do sonho que tivera, do aviso que recebera.

— Claro que não! – conseguiu responder.

"Se ele me mata aqui, ninguém saberá e, se me jogar naquela vala, descobrirão meu corpo quando os urubus vierem comê-lo. Não há ninguém aqui para sentir minha falta. Meu Deus! O que faço?"

— *"Calma! Não faça nada!"* – escutou de Romoaldo.

— Você perguntou a Terezinha se ela sabia quem matou Severino. Se ela soubesse ou eu, teríamos contado para a polícia.

— Não estou investigando – mentiu o moço –. Se fiz uma

pergunta indiscreta, peço desculpas. Não quis ofender. Foi somente por curiosidade.

— É melhor assim – Claudino falava vagarosamente –. Não é bom ser indiscreto. Quem pergunta quer saber, e não é bom, em certos casos, saber demais. Entendeu?

— Sim, senhor.

Bruno pegou a bicicleta e nem se despediu, pedalou rápido e se distanciou. Entrou correndo em casa. Tomou água. Quando se acalmou, pegou a escada, subiu na árvore e olhou para todos os lados. Não viu ninguém por ali, a casa dos vizinhos parecia tranquila.

— *O que está fazendo? O que está acontecendo?* – Severino se preocupou.

Bruno entrou, fechou a porta, encostou a cadeira nela.

— Foi Claudino – o moço estava ainda nervoso –. Não sei se ele me ameaçou ou não.

— *Conte o que aconteceu* – pediu Severino.

Bruno contou, e Severino riu.

— *Calma, afilhado! Claudino não o ameaçou. Ele deve ter ficado com medo de você comentar que duvida deles e haver falatório. Com certeza, não foi nenhum dos dois porque, se fosse, você já era defunto. Penso que Claudino não quer falatório sobre eles, teme as fofocas e não querem ser alvo delas. Gostam de comentar, mas não gostam que falem deles.*

— Espero que seja isso! – Bruno suspirou, se sentindo mais calmo.

— *Agora abra as janelas e a porta para arejar a casa* – pediu o desencarnado.

Bruno o fez, mas continuava preocupado.

— *Afilhado, não quero mais que você investigue. Pare! Venda o sítio e vá embora.*

— O senhor queria tanto saber quem o matou. Não quer mais?

— *Querer, até que quero. Porém, pensando melhor, pode ser imprudente. Não quero que alguém faça algum mal a você. Se isso ocorrer, o preço da curiosidade será alto. Devia ter pensando nisso antes de pedir para você investigar. Afinal, o que importa saber quem me matou? Não me fará voltar à vida no corpo de carne. Não quero que aconteça nada de ruim a você.*

— Obrigado, "padinho", mas eu quero saber!

Calaram-se, e Bruno pediu, em pensamento, a Romoaldo: "Estou correndo perigo? Claudino pensa em me matar?"

— *Não sinto nenhum perigo. Tive a sensação de que Claudino o alertou por recear fofocas. Estava junto e não senti nele a intenção de matá-lo.*

Bruno suspirou, desta vez sentiu-se realmente aliviado.

— Vou contar ao senhor o que eu fiz na cidade.

Contou a Severino sobre a sua visita aos barracos.

— *Agora chega de ajudá-los. Esmola demais pode ser prejudicial.*

— Não tenho planos de ir mais lá, a não ser que fique mais tempo por aqui. Se eu voltar, é para ver a reforma. "Padinho", indignei-me com a história do padre Joãozinho. Talvez seja também por isso que me assustei com Claudino.

— *O que lhe contaram aconteceu mesmo* – Severino confirmou –. *O delegado dessa vez investigou, mas nada descobriram. Até eu orei por ele. Também é verdade que é boa pessoa, sacerdote honesto e trabalhador. Na época, uma pessoa que viu o peito dele desenhou as figuras num papel e mostrou para muitas pessoas; eu* vi e fiquei impressionado, as figuras são muito feias, porém bem desenhadas e definidas.

— Também contaram que um homem, o Onorico, faz maldades. Não o investigaram? – Bruno quis escutar a versão de seu padrinho.

— *Investigaram, sim* – Severino elucidou –, *porém o padre Joãozinho e o casal afirmaram que os três homens eram pessoas magras, e Onorico é gordo. Uma pessoa magra passar por gorda é fácil, coloca-se enchimento, mas gordo passar por magro é impossível. Esse macumbeiro repetiu muitas vezes que não sabia quem eram essas pessoas.*

— Amanhã irei à missa para conhecer esse sacerdote. Deve ser uma pessoa excepcional.

— *Você vai gostar dele* – opinou Severino.

— "Padinho", serei mais discreto e cauteloso, vou tentar mais uns dias; se eu não descobrir quem o assassinou, anunciarei a venda do sítio.

— *Ariovaldo pode comprar, isso se ele não gastou muito dinheiro com a mocinha. Porém esse vizinho é esperto nos negócios, com certeza vai querer comprar barato. Peça mais um pouco na negociação, porque terá de diminuir o preço.*

— Ainda estou me sentindo inquieto! Vou tomar banho agora, mais cedo do que costumo.

Tomou banho, ficou dentro da casa, acabou de ler o capítulo 12 do *Evangelho* e orou. Fechou bem a casa.

— Tenho o revólver! – lembrou Bruno.

— *Você sabe atirar?* – Severino perguntou.

— Não! Mas posso assustar; se alguém vier aqui em casa, atirarei.

— *Você ainda não queimou o envelope com os documentos.*

Lá está um impresso que ensina como lidar com armas. Pegue, leia e entenderá.

— Pensando melhor, é preferível morrer que matar, não vou pegar naquele revólver.

— *Você pode assustar! Aprenda! Se tiver de se defender, saberá atirar para o alto, para os lados e não correr o risco de atirar e acertar a pessoa.*

— Bem lembrado!

Bruno abriu a gaveta, pegou o envelope, encontrou o folheto que ensinava atirar, leu e releu. Depois pegou o revólver, carregou, conferiu as explicações do folheto. Deixou-o carregada em cima da mesinha de cabeceira.

Ouviu o rádio, estava agitado, talvez por isso não estivesse com sono.

— *Afilhado! Desista de saber quem me matou!*

— Por que repetir isso agora? Sente que corro perigo?

— *Não sinto nada, nada mesmo. Entendi que não posso defendê-lo e, se alguém o matar, me sentirei culpado.*

"Ramu, preste atenção e responda: Você sente que eu corro perigo?", Bruno quis saber o que Romoaldo sentia.

"*Também não sinto nada. O melhor é desistir mesmo. Que importa quem matou? Não quero que o assassino se sinta acuado e lhe faça algum mal. Como seu "padinho", talvez eu também não consiga protegê-lo. Poderei alertá-lo. Neste momento, não sinto ninguém pensando em você com planos de lhe fazer mal.*"

— Vou ficar curioso. Mas está bem, não vou investigar mais. Na segunda-feira vou informar o grupo da praça que estou vendendo a Grota Profunda. Oferecerei e, se não aparecer ninguém para comprá-lo, colocarei numa imobiliária na cidade vizinha.

— *Sendo assim, eu quero então lhe mostrar o meu segundo esconderijo* – disse Severino –. *Realmente estou me sentindo melhor, sabendo que você desistiu dessa investigação. Não tenho como ressuscitar; como você diz: desencarnei e estou desencarnado. Guardava dinheiro, pensava que poderia ficar doente, ter de ir a médicos, talvez tivesse de vender o sítio e ir para um asilo e, se fosse, ficaria mais acomodado na parte que é paga. Se você pensa em ir embora, quero que fique com essas minhas economias e não as dê a ninguém. Você já ajudou muito Maria Rita e os vizinhos dela. Quero que use esse dinheiro para estudar, porque, com estudo, melhorará financeiramente. O dinheiro que guardava no esconderijo da parede era mesmo para a plantação e despesas. Este que vou lhe mostrar era o extra. Está vendo aquele vaso? O verde em cima do armário? Pegue-o!*

Bruno viu o vaso. Pegou-o e examinou. Era bojudo, de uns quinze centímetros de altura e de cor verde-claro. Era fechado perto da boca e pesado.

— *Está vendo aqui?* – Severino tentou mostrar. – *Parece um risco, mas ele abre. Comprei-o quando fui uma vez à capital do estado, é realmente um cofre. Segure com uma mão a parte debaixo e vire, com a outra mão para a esquerda, a parte de cima.*

Bruno abriu e, dentro do vaso, estavam um maço de notas e umas joias. O moço admirou-se.

— *Afilhado! Não fique com essa cara de surpresa. Vou lhe contar o porquê dessas joias. Uma vez, um sitiante que morava perto de Claudinei, às vezes conversava com ele quando o encontrava na estrada ou na cidade, ele estava endividado e havia feito um empréstimo com um agiota e, como não pagou, estava sendo ameaçado. Ele veio aqui na Grota Profunda me oferecer as joias. Eu lhe dei o dinheiro que precisava e fiquei com as joias como garantia, não as comprei. Combinamos que ele, quando pudesse, me pagaria e eu lhe devolveria as joias. O dinheiro que emprestei a ele era muito mais do que o preço dessas joias. Ele agradeceu. Dois dias depois, ele, vindo da capital, sofreu um acidente. Esse homem estava com a esposa e um filho, que trabalhavam com ele no sítio. Os três morreram. Acharam com ele o comprovante de que ele pagara ao agiota. Os outros filhos dele moravam todos fora, dois vieram, venderam o sítio e voltaram para seus lares. Pensei que os filhos viessem pegar as joias e me pagar. Fiquei em dúvida se eles sabiam ou não do empréstimo e que aquelas peças estavam comigo. Concluí que eles pensaram que o pai as vendera. Esperei por dias e aí eles foram embora e as joias ficaram. Então, sonhei com ele. Sim, sonhei. Lembro muito bem desse sonho. Esse homem me agradeceu porque eu o ajudara a pagar o agiota e disse que foi muito bom ele ter morrido com a dívida quitada e que as joias eram minhas, porque ele não pôde resgatá-las e me pagar. Deixei-as aí. Agora são suas, e esse dinheiro também.*

— Vou guardá-las de novo aqui. É um ótimo esconderijo, limpei que limpei e não desconfiei que esse vaso era um cofre.

Porém não conseguiu fechar mais o vaso.

— *Você deve ter forçado o vaso para abrir e ele estragou. Esconda tudo no vão da parede* – determinou o ex-dono da casa.

Bruno olhou as joias, achou-as bonitas, embrulhou-as e, com o dinheiro, colocou no vão da parede.

— Vou dormir agora, "padinho". Boa noite!

— *Boa noite!*

Bruno deitou-se e ficou pensando, repassou tudo o que fizera desde que chegara ao sítio, as conversas que escutara.

"Prometi! Penso que o melhor que tenho de fazer é desistir dessa investigação. De que adianta? Se descobrir, terei como provar, apresentar provas para a polícia? O assassino será preso? Se for, ficará detido? Quem matou poderá alegar legítima defesa. 'Padinho' pensa que é Alceu, por ser a única pessoa que jurou matá-lo. Eu penso que é Claudino. Existem muitos suspeitos: Alexandre, Marcelo, Zé Lito, Jerson... a lista pode ser ainda maior, pode ser outra pessoa que ainda não coloquei no papel. Quem será o assassino? Será que um dia saberei?"

Demorou para dormir e, quando adormeceu, seu sono não foi tranquilo; acordou muitas vezes e, atento, tentava escutar qualquer barulho suspeito.

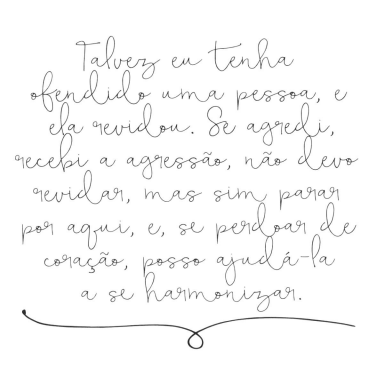

Talvez eu tenha ofendido uma pessoa, e ela revidou. Se agredi, recebi a agressão, não devo revidar, mas sim parar por aqui, e, se perdoar de coração, posso ajudá-la a se harmonizar.

9

A história de Romoaldo

BRUNO ACORDOU CEDO, ABRIU A CASA, OLHOU PARA fora, tudo parecia normal; deixara a escada na árvore, subiu e, em cima nos galhos, observou: nada lhe chamou a atenção. Decidiu ir à cidade assistir à missa, mas ainda era muito cedo. Após o desjejum, sentou-se e sentiu vontade de orar; abriu o *Evangelho* no último capítulo, 28, "Coletânea de preces espíritas", seção 4, "Preces pelos que já não são da terra".

Leu devagar para que Severino escutasse, porque ele havia se sentado ao seu lado. Deu destaque, repetindo:

> A morte, para os homens, mais não é do que uma separação material de alguns instantes. [...] devem extinguir-se todos os ressentimentos. Que a eles, daqui em diante, sejas inacessível, a bem da tua felicidade futura! Perdoa, portanto, aos que hajam incorrido em falta para contigo, como eles te perdoam as que tenhas cometido para com eles.

Bruno fechou o livro e o colocou onde costumava deixá-lo, em cima da cômoda.

— Agora vou à cidade. Quero conhecer o padre Joãozinho!

Fechou a casa e foi, porém não estava tranquilo como das outras vezes, fez o percurso todo atento. A praça estava movimentada. Faltavam trinta minutos para o início da missa, Bruno entrou na igreja, escolheu um canto, sentou e orou. O padre atendia confissões, havia uma pequena fila. Os fiéis foram chegando. Viu Alexandre, Zé Lito, Jerson e Alceu com suas esposas. Cumprimentaram-se com acenos de cabeça. Pessoas entraram contentes, acomodaram-se e oraram.

"A oração nos dá conforto. Feliz de quem sabe aproveitar essa dádiva! Orar faz bem mesmo é a quem faz. Pela prece nos tornamos receptivos para receber graças, nos ligamos às boas energias."

O padre saiu do confessionário, passou perto de Bruno e sorriu para ele.

"É realmente muito simpático, uma pessoa que gostamos de olhar, ficar perto e conversar. Isso para os que vibram igual a ele. É uma boa pessoa."

Padre Joãozinho devia medir um metro e cinquenta centímetros, era magro, tinha cabelos negros, fartos e bem cortados, sorriso aberto e dentes bonitos.

Começou a missa. Bruno lembrou que fora somente duas vezes assistir missa, uma fora a de sétimo dia de sua avó paterna e a outra porque Márcia insistira muito. Prestou atenção, fez o que os outros faziam.

"Quando vamos à casa alheia, devemos ter respeito e acompanhar o que fazem os donos da casa."

Orou com sinceridade. Padre Joãozinho era de fato uma

pessoa carismática. Atento, aguardou o momento em que o pároco consagraria as hóstias e, quando o fez e levou o cálice ao peito, Bruno se arrepiou, se emocionou, viu uma luz linda e suave irradiar do peito do sacerdote.

Quando terminou a missa, todos saíram e Bruno não sabia o que fazer, sentou-se num banco e ficou sozinho por meia hora, depois foi telefonar para sua mãe. Domingo, seus pais estavam em casa. O pai atendeu, soube que todos estavam bem, queriam que retornasse logo, estavam preocupados com ele. O moço tranquilizou o pai, contou que estava bem, que ali as pessoas eram gentis com ele e que estava demorando um pouco mais por estar negociando o sítio e que voltaria logo. A mãe também quis falar com ele; preocupada, quis saber como estava de dinheiro. Bruno contou que encontrara na casa, escondido, uma quantia de dinheiro. Teve de dizer a ela o que comia, como tomava banho, onde dormia, e ela o fez prometer que voltaria logo. Depois que conversou com os pais, ele se sentiu melhor e resolveu regressar o mais rápido possível para a sua cidade.

Na feira, armada na praça, as pessoas andavam. Bruno viu muitos jovens conversando alto e rindo. Não quis rever as barracas. Resolveu comprar comida e voltar para o sítio, comeria lá.

Novamente, ficou atento na volta. Sentiu-se aliviado quando chegou. Almoçou. Por não ter o que fazer, sentiu-se de novo inquieto.

Colocou uma cadeira na frente da casa, debaixo da árvore e se sentou. Sentiu que Severino fora dormir.

"Romoaldo, você está aqui?", Bruno quis saber.

"*Estou. Também me sinto inquieto: você fica, eu fico.*"

"Desculpe-me, não quero lhe passar isso. Mas não tenho o que fazer, com quem conversar."

"*Fui à missa com você, depois fui conversar com Pai João no nosso recanto de oração e trabalho. Percebe a coincidência? Pai João e padre Joãozinho. Coincidência no nome e nas atitudes, ambos são seres muito bons. O nosso Pai João recomendou que ficasse com você e atento. Normalmente, no dia a dia, aproximo-me de você uma ou duas vezes; verificando que tudo está bem, volto aos meus afazeres. Fico realmente próximo de você quando estamos trabalhando. Estou aqui e não vejo ou sinto nenhum perigo. Tudo está calmo!*"

"Por que não me conta sua vida", pediu Bruno. "Você tem trabalhado comigo há seis anos. Gostamos um do outro, você me protege. Tenho escutado tantas histórias de vida! Fale de você!"

"*Está bem. Vou contar. Não me lembro nem quis saber de minhas reencarnações anteriores, a última já me basta. Tenho muitos anos de desencarnado. Nasci escravo, filho de escravos, numa fazenda onde éramos relativamente bem tratados. Meu pai desencarnou afogado; foi pescar, caiu no rio, não sabia nadar e mudou do plano físico para o espiritual. Minha mãe, quando isso aconteceu, era jovem, vinte anos, tinha eu, meu irmão e estava esperando outro filho. Havia na fazenda um empregado novato que implicou com mamãe. Meu pai estava sumido, ninguém sabia que ele estava morto. Esse empregado ficou encarregado de procurá-lo, achou que minha mãe sabia onde ele estava e, para que contasse, a colocou no tronco e a chicoteou. Não me lembro disso, éramos meu irmão e eu muito pequenos, sei porque me contaram. Avisado, o dono da fazenda foi correndo, ordenou que parasse o castigo, tiraram-na do tronco, levaram-na para a senzala, e mulheres*" cuidaram dela, mas ela teve um aborto. Esse empregado foi dispensado. Minha mãe sofreu pelos ferimentos, pelo aborto e pela desencarnação do companheiro. A vida continuou, crescemos. O dono da fazenda ficou viúvo, dividiu as terras para seus dois filhos, deu casas na cidade para as duas filhas e ficou com a sede, um sítio. Amasiou-se com minha mãe, eu estava com doze anos e meu irmão com dez anos. Mamãe, com esse senhor, teve dois filhos, ela morava na casa-grande com ele. Penso que esse fazendeiro a amou, e ela lhe era grata. Ele libertou nós três: mamãe, meu irmão e eu. Estava com dezessete anos, era forte, alto e musculoso, quis ir embora da fazenda. Minha genitora sempre se preocupou comigo, era rebelde desde menino e falava sempre que queria conhecer outros lugares. Fui embora e não dei mais notícias. Meu irmão trabalhava como empregado, comprou uma escrava que gostava, casou e teve filhos livres. O dono desse lugar ficou por anos doente, mamãe cuidou dele, e ele deixou o sítio para os dois filhos dele que teve com minha genitora. Ela morou ali até que desencarnou. Ela sofreu por mim, por não saber o que acontecera comigo e pela saudade. Esperou por anos o meu retorno. A vida continuou, este Espírito, que foi a minha mãe, desencarnou e reencarnou, foi então sinhá, dona de terras e de escravos, agiu com bondade, desencarnou e reencarnou."

Romoaldo fez uma pausa, suspirou e voltou à sua narrativa.

"Eu fiquei no plano espiritual, não reencarnei. Estive esses anos todos na erraticidade."

Como ele fez outra pausa, Bruno pediu:

"O que aconteceu com você depois que foi embora da fazenda?", Bruno estava muito interessado em saber a história de seu amigo.

"Era insatisfeito, queria conhecer lugares diferentes. Podia, como minha mãe me pedia, ficar como empregado, junto de *amigos e familiares. Ela sabia, tínhamos conhecimento de que a vida de pessoas com pele negra era difícil em qualquer lugar do país. Quis me aventurar. Não estava bom para mim estar protegido pelo amor materno, morar naquela fazenda onde tínhamos de trabalhar, mas não em exagero, e éramos bem alimentados, não havia castigos e poderia continuar convivendo com pessoas que gostavam de mim. O fato é que não sabia o que queria. Parti levando minhas roupas e, bem guardada, a carta de alforria. Tornei-me um moço bonito, musculoso, forte, alto. Fui para a cidade próxima da fazenda. Minha mãe me deu algum dinheiro, meu irmão também, e levei o que tinha economizado."*

"*Na cidade,*" continuou Romoaldo, após outra pausa, "*observei tudo curioso, já tinha ido à cidade por umas cinco vezes acompanhando o feitor para compras. Agora era diferente, estava sozinho. Tentei não arrumar confusão. Comprava comida num bar, taberna, dormia na rua perto da igreja. Todos ali sabiam que eu era livre. Mas estava com um grande problema, meu dinheiro acabaria. E o que faria para me alimentar? E já começava a esfriar. Como continuar a dormir na rua? Como tomar banho? Ter roupas limpas? O fato é que quase sempre damos valor às coisas de que desfrutamos quando as perdemos. São pequenos detalhes do dia a dia, corriqueiros, que nos passam às vezes despercebidos, que sentimos falta quando somos privados. Não sabia o que fazer, se iria a pé para outra cidade, distante uns dois dias caminhando, ou se voltaria para a fazenda. Não queria retornar como fracassado, mas temia ir para a outra cidade porque os comentários eram que lá havia um homem que mandava em todos e que não respeitava cartas de alforria. Aí apareceu uma oportunidade. Um senhor que estava na cidade para visitar uma filha estava com o seu cocheiro doente; ele me viu perto da igreja, me fez perguntas e me ofereceu* emprego. Receberia bem menos do que ganhava na fazenda, mas teria onde dormir, tomar banho, lavar minhas roupas e alimentos. Fui embora com ele mais para não retornar à fazenda como fracassado. Fui para longe, três dias de viagem de carruagem. Até então, mamãe sabia de mim, ela esperava que voltasse. Fiz isso e não avisei ninguém. Meu empregador morava numa cidade que era bem maior; lá, eu dormia num quartinho no quintal, meu trabalho era ser cocheiro, cuidar de três cavalos e rachar lenhas. Fiquei oito meses. Um filho desse senhor foi visitá-lo e me quis para empregado. Assim, afastei-me mais ainda de meus familiares. No meu novo emprego, além de continuar fazendo o que fazia, passei a ser jagunço, guarda-costas desse senhor, e, para isso, um outro empregado me ensinou a atirar; passei a ficar armado com uma garrucha e com facas. Percebi que meu novo patrão não era honesto. Ele morava na cidade numa casa linda, enorme, e emprestava dinheiro a juros altos, era agiota. Por isso precisava de guarda-costas ou, pior, de pessoas para amedrontar os que atrasavam ou não pagavam. Era eu e mais três que fazíamos esse trabalho para ele. Cometi, a mando dele, atos indevidos, que me machucam até hoje. Trabalhei por quinze anos com ele. Estava sempre bem vestido, tinha dinheiro para meus gastos pessoais, dormia num quarto nos fundos da casa, alimentava-me bem e era um empregado fiel. Esse homem, meu empregador, era uma pessoa controversa. Tratava bem a esposa, embora tivesse amantes; queria muito bem aos filhos, eram cinco; era bom patrão, dizia que era melhor estar cercado de pessoas que gostassem dele. Não tinha escravos, os negros que lhe serviam eram como eu, alforriados. Porém, era impiedoso com aqueles que não lhe pagavam. Muitas vezes, nessas cobranças, havia enfrentamentos, tiroteios e feridos. E foi num confronto que fui ferido. Fiquei no meu quarto, uma empregada cuidou de *mim, mas não me recuperei totalmente, minha perna direita ficou mais curta, andava com dificuldades, estava magro e não conseguia me alimentar direito. Já não assustava mais. Meu patrão me dispensou. Ele alegou que precisava do quarto para outro empregado. Os senhores, donos de escravos, tinham por lei continuar a cuidar de escravos doentes, feridos e velhos, embora nem sempre isso ocorresse. Mas patrões não tinham nenhum dever para com os empregados. Ele deixou que eu levasse as armas que usava e me deu dinheiro, de uns três meses de ordenado. Pensei então em voltar para a fazenda, até então não havia cogitado isso. Percebi que não tinha como retornar. A viagem seria de muitos dias, teria de pernoitar, alimentar-me, comprar um bom cavalo, e também seria perigoso. Não tinha dinheiro para isso e estava debilitado. Fui para a periferia, aluguei um quartinho numa pousada e fiquei muito preocupado. O que faria quando meu dinheiro acabasse? Fiquei ali, mal acomodado e me alimentando pouco, por quinze dias. Um desafeto do meu antigo patrão aproveitou para revidar, mandou três homens me roubarem, e eles me espancaram. Tive de sair do quarto e fiquei na rua. Duas noites e três dias sem alimentos, ferido, sem abrigo e no frio, desencarnei. Penso que foi por pneumonia."*

Romoaldo calou-se. Bruno respeitou seu silêncio. Assim ficaram por uns dez minutos, depois ele voltou às suas lembranças.

"Ao ter meu corpo físico morto, fui desligado e ajudado por um grupo de negros que haviam sido escravos. Eram oito. Ao me ver machucado e doente, pensaram que eu era um escravo e me socorreram. Não contei que era livre e com eles fiquei. Era um grupo unido, todos com muitas queixas e histórias tristes, mágoas e alguns querendo se vingar. Um deles, o Narciso, contava que fora alforriado, comprou sua liberdade com ajuda de sua avó, saiu

da fazenda onde morava, foi para a cidade, e um homem ruim rasgou sua carta de alforria e o fez novamente de escravo, e que ele morrera por excesso de trabalho e maus-tratos. Sentia muita mágoa e queria revidar. Conseguiu, com nossa ajuda, atormentar esse homem e, quando ele desencarnou, Narciso o levou para o umbral, e ele com outros desencarnados que também o odiavam o fizeram trabalhar carregando pedras de um lugar para o outro e o chicoteavam. Fizeram isso por muitos anos, até que a vingança os satisfez e esse senhor foi socorrido. Nosso grupo era liderado por Tomás, um ex-escravo que desencarnou idoso para a época, com quarenta e nove anos. Ele era grato à sua senhora, dona, tanto que fez tudo para ajudá-la, estava preocupado em socorrê-la quando ela desencarnasse. Mas quem é bom tem sempre alguém melhor que ele para ajudar. Assim, essa senhora, quando desencarnou, foi socorrida por Espíritos bondosos. Tomás dizia que estava vagando porque ele fizera maldades com feitiços, escondido de sua sinhá. De fato, ele entendia muito de magia, feitiços, encantamentos. Interessei-me pelo assunto, e ele me ensinou tudo o que sabia. Não quis me vingar; enquanto servi meu patrão, fui bem tratado. Também não me interessei pelos homens que me surraram, eles cumpriram ordens. Fiquei no grupo e acabei por liderá-los quando Tomás foi embora com a sua ex-dona, que foi socorrê-lo. Fizemos nosso canto no umbral e, com o passar dos anos, foi se ampliando, tornou-se uma cidade na zona umbralina."

Mais um intervalo.

"Você não quis saber de seus familiares, os que ficaram na fazenda? Não foi vê-los?", Bruno quis saber.

"Fui sim, mas todos estavam desencarnados. O sítio estava muito diferente; não tive, na ocasião, como saber deles e não tentei de novo. Eu me chamo Ramu. Meu nome é Ramu! Mamãe contava

que fora meu pai quem escolhera meu nome, era como chamava o pai dele, meu avô que havia vindo da África. Um dia, ao dizer meu nome, a pessoa não entendeu e perguntou se era Ramu de Romoaldo. 'Sim', respondi. Assim ficou Ramu e Romoaldo. Porém, no umbral, todos que me conhecem me chamam de Pretão. Com Tomás, aprendi a modificar o períspirito, o que mudei em mim foi ficar mais alto ainda e forte. Foram muitos anos na chefia dessa cidade umbralina. Tentei sempre e consegui ficar em paz com os vizinhos. Frequentávamos muitos lugares onde encarnados frequentam e trocávamos favores. Num desses locais, foi-nos pedido, sempre por trocas, para atacar um local onde encarnados faziam o bem. Não gostava de enfrentar o pessoal do cordeiro. Era com deboche que nós chamávamos os socorristas, as pessoas encarnadas e desencarnadas que fazem o bem. 'Cordeiro' porque pode ser imolado, sacrificado. Percebemos logo que o serviço estava difícil, e esse grupo pegou... para mim, naquele momento, prendeu... o fato é que doutrinou meus auxiliares. Fui então todo bravo enfrentá-los e exigir que soltassem meus servos. Por uma manifestação mediúnica, falei com o grupo, eram quatro encarnados e muitos desencarnados. Fiz minhas exigências e os ameacei. Além de não sentirem medo, conversaram calmamente comigo. Uma encarnada me chamou a atenção, não consegui olhar para ela e, com delicadeza, ela me indagou: 'Você é Romoaldo? O Ramu?' 'Sou!', quis falar mais, porém não consegui. 'Você não é o filho da Lurdinha?' 'Sou!' 'Meu filho!' Reconheci minha mãe, paralisei-me, e ela continuou a falar: 'Como procurei por você! Meu filho! Eu o amo!' Segurei para não chorar. Fui embora. Minha mãe não desistiu. Quando seu corpo físico adormeceu, ela foi, com Pai João, à cidade umbralina onde eu morava. Fui informado quando os dois se aproximaram, corri para recebê-la. Abraçamo-nos, recebi *seus afagos, foram muitos anos de saudades e preocupações dela para comigo. Recebi-os como visitas. Passei a ir como convidado aos encontros mediúnicos desse grupo de oração, não os persegui mais e até passei a ajudá-los. 'Por que não estuda, meu filho?', pediu mamãe. Agora ela, nessa reencarnação, tem outros filhos, mas mãe é sempre mãe, ela me sente assim, como filho. 'Quando você reencarnar, sentirá dificuldade para aprender, se agora, desencarnado, não sabe. Depois, ler e escrever faz muita falta.' Assim, ela com Pai João arrumaram professores de colônias para ir ao umbral nos dar aula. Primeiro era uma somente, dona Esperança, que é muito simpática e que cativou a todos. Organizei uma sala, que ficou muito arrumada e limpa. Passei a estudar. Logo, a cidade onde morava ficou conhecida como a que recebia professora de uma colônia para dar aula. Deixei aberta para quem quisesse aprender. Foram muitos os desencarnados que queriam ser alunos. A ordem era para respeitar a professora, que trazia cadernos e livros. Meses depois, tinha tantos alunos que foram separados em três classes, com cinco professores. Gostei demais de aprender a ler e escrever. Minha mãe, quando seu corpo carnal adormecia, ia me visitar e me dava aulas de reforço. Tenho ainda dificuldades com a matemática. Como combinado, as aulas eram somente sobre matérias escolares. Mas, aos poucos, foram oferecidos bons livros de histórias interessantes que motivavam a boa moral. Alunos foram querendo mudar de vida, pediram ajuda para se modificar."*

Aproveitando que Romoaldo fizera um intervalo, Bruno perguntou:

"Vocês não tiveram problemas com outros moradores do umbral?"

"Alguns. Porém Pai João me ajudou, colocando na minha cidade dispositivos de defesa que desconhecíamos e que nos

protegeram. Todos naquela região umbralina sabem quem é Pai João, ele é respeitado e temido, souberam que ele estava nos protegendo. Também foi, na ocasião, para ajudar o grupo encarnado, um Espírito muito iluminado, me emociono quando me lembro dele, que foi ao umbral e cantou. Seu canto comoveu, ecoou por longas distâncias, harmonizou muitos, deixou confusos outros e deu um aviso: 'Não ataquem esta cidade!' Com isso, nossos vizinhos preferiram me ignorar, mas muitos de seus moradores vieram estudar na nossa cidade. Passei a frequentar os trabalhos de Pai João, comecei a fazer o bem e a gostar. Mamãe me recomendou: 'Filho do meu coração, do meu amor, não reencarna agora. Continua a estudar, leia bons livros, faça o bem, aprenda a ser bom. Se reencarnar assim com tantos problemas, com certeza terá muitas dificuldades, se aprender a superá-las, a lidar com elas, será mais fácil, também porque fazendo o bem neutralizaremos o mal que fizemos.'"

"O que aconteceu com essa cidade no umbral?", Bruno ficou curioso.

"Continua lá, no mesmo lugar. Não há mais castigos nem prisões. A maioria estuda. Vou lá, continuo organizando-a, administrando-a. Não foi lá que eu fiz tantos atos errados? É lá que tenho de repará-los. Porém tenho, para me auxiliar, cinco desencarnados, cada um cuida de uma tarefa. Nossa cidade se tornou quase um posto de socorro. Enquanto não conseguir que todos seus moradores queiram mudar para melhor, serei o responsável por ela. Mas ela continua muito povoada, porque muitos umbralinos querem ir para lá, seja para estudar ou porque são tratados como seres humanos. O bom é que outras cidades vizinhas começam a nos imitar. Frequento todos os estudos que Pai João organiza. Uma tarde, ele me deu uma tarefa. 'Você está encarregado de trabalhar junto de

Bruno.' 'Eu?!' Assustei. 'Sim, você! Aprenderá muito com essa tarefa.' Aceitei e tem dado certo, porém tudo o que acontece com nós dois, Pai João está a par, e as decisões mais importantes são dele."

"Nossa! Estou admirado!"

"Por quê? Tudo o que fazemos juntos é aprendizado. Admira-se que um ex-trevoso, líder de uma cidade umbralina, possa fazer um trabalho assim? Respondo: Claro que posso e, se posso, devo fazer. O padre Joãozinho, que você admirou, não foi um membro de seita satânica?", Romoaldo suspirou. *"Bruno, você foi meu irmão, o que ficou na fazenda. Você foi diferente de mim, era tranquilo, aceitou com resignação ser escravo, depois empregado. Nossas vidas foram diferentes. Você desencarnou, aceitou socorro, reencarnou, foi branco, estudou, mereceu novamente ser abrigado numa colônia, reencarnou e aí está trabalhando para o bem com sua mediunidade."*

"Fomos irmãos! Somos! Romoaldo, eu o amo mais ainda."

Bruno o escutou chorar.

"Fiz atos indevidos, encarnado e desencarnado!", lamentou o desencarnado protetor.

"Todos nós que caminhamos para o progresso já cometemos equívocos. O importante é o presente: agora não faz mais e está se realizando no bem. Não chore pelo passado! Lágrimas de tristeza não pagam dívidas, essas são quitadas com trabalho no bem, e você está fazendo isso."

Calaram-se. Após uns minutos, Romoaldo completou sua narrativa:

"Pai João foi o empregado que chicoteou minha mãe. Hoje os dois fazem o bem, são amigos e companheiros de trabalho. A vida sempre dá um jeito e oportunidades de nos reconciliarmos. De fato, fiz muitos atos errados, cometi maldades. Não é por

misericórdia de Deus que posso agora fazer o bem? Sim! Deus é misericordioso! Mamãe tem razão, estou aprendendo muito, hoje leio um livro e o entendo. Pai João disse que se você for mesmo fazer esse curso, que eu irei junto para aprender mecânica. Não é maravilhoso? É! Sou grato, muito grato. Lembro sempre: quem muito errou muito tem de amar. Fui aconselhado também a ter somente na memória minhas atitudes edificantes. Fico triste quando me lembro de ter feito ações equivocadas. Eu..."

"Romoaldo, por favor, meu irmão, não fale deles se isso o entristece, o que passou não deve nos incomodar. Fale sobre eles se você sentir vontade, eu o escutarei. Mas não é melhor falar de fatos bons? Comece lembrando o que fez de bom."

"O que fiz de bom?"

"Sim, por favor", rogou Bruno.

"Quando estava na primeira cidade, em que dormia perto da igreja, repartia minha comida com uma velha ex-escrava. Ela me abençoou! Cuidava bem dos cavalos, dos animais. Tive mulheres, mas nunca as enganei; nisso me identifico com Severino. Tratei- -as bem. Comprei alimentos para ex-escravos idosos, doces para crianças. No umbral, acolhi, na minha cidade, desencarnados que foram castigados e abandonados, libertei alguns de furnas. Escutei queixas, aconselhei, mas ajudei muitos a se vingar, a fazer maldades."

"Por favor!", pediu Bruno. "Pedi para que você contasse bons atos! Você tem boas ações para lembrar. Por que não foca nelas? Desde que quis mudar a maneira de agir, somente fez atos bons."

"Isso é verdade! Pai João me elogiou."

"Lembre-se sempre de que o amor cobre uma multidão

de pecados. Anulamos, pelo trabalho no bem, nossas ações indevidas."

"*Bruno,*" alertou Romoaldo, "*olhe para a estrada, dona Terezinha o está chamando. Pode ir, ela está sozinha e não tem arma nenhuma.*"

Ele pegou a bicicleta e foi rápido para a estrada. Após os cumprimentos, Terezinha pediu:

— Você pode conversar um pouquinho comigo? É por um instante. Vamos ficar aqui, debaixo dessas árvores.

Bruno a acompanhou. Eram quatro árvores pequenas ao lado da estrada, ele encostou a bicicleta numa delas e olhou para a senhora, que disse:

— Claudino me contou que conversou com você. Isso me preocupou. Você está investigando a morte de Severino?

— Não, senhora, não estou – assegurou o moço –. Não sei por que falei daquele jeito com a senhora, me desculpe se fui indelicado.

— Bruno, fofocas por aqui acabam machucando. Sempre comentaram que eu era apaixonada por Severino. Claudino soube, e eu tive que jurar que era mentira. Não sei se ele acreditou. Você é discreto?

— Sou, sim e, pode crer, detesto fofocas. Vou embora, dona Terezinha. Tentarei vender o sítio; se não conseguir, colocarei numa imobiliária ou com um corretor na cidade vizinha. Penso em não voltar mais por esses lados.

— Sendo assim – Terezinha confessou –, se você não repetir para ninguém, vou contar o meu segredo. Fui, sim, apaixonada por Severino, já estava casada quando ele veio morar na Grota Profunda. No começo, eu o admirava por ser tão trabalhador. Casei-me muito nova, com o primeiro interessado, namorado.

Minha mãe tinha pânico de ter uma filha solteirona. Todas tinham de se casar e ser gratas por ter um homem para sustentá-las. Até hoje, não sei por que Claudino me escolheu, talvez porque também pensasse que tinha de se casar, ter alguém para cuidar dele e ter filhos. Não amei Claudino e tenho a certeza de que ele nunca me amou. De admiração, passei a amar Severino por ele ser educado; que eu saiba, nunca destratou uma mulher. Quando podia, de uma janela de minha casa, olhava Severino trabalhando. Uma vez, uma moça bonita, prima de Claudino, veio passar uns dias conosco, ela se interessou por Severino. Fiz fofocas para ela desistir, e ela se desinteressou. O tempo passou, e tantas coisas aconteceram... No dia em que Severino morreu, estava apreensiva. Quando me sinto assim, algo de ruim acontece. É verdade! Você acredita?

— Sim, acredito. Isso é intuição. Muitas pessoas sentem isso – Bruno explicou.

— Rezei e me preocupei com os filhos e netos. Estava fazendo o jantar, quando Claudino reclamou que não limpara a bota dele. Fui pegá-la, a bota estava no quarto, e meu marido me acompanhou, reclamando como sempre. Ele é exigente, tudo tem de ser como ele quer, como ele gosta. Estávamos no quarto quando escutamos dois tiros. Olhamos um para o outro. Peguei a bota, fui levá-la para a área e a estava limpando quando escutei gritos pedindo ajuda. Se estava apreensiva, fiquei mais; corri para a cozinha aflita, Claudino chegou do quarto, e fomos nós três, meu neto estava em casa, para a estrada. Foi muito triste ver Severino morto, tive de me controlar. Voltei para casa, Claudino ficou lá até que levassem o corpo. Bruno, não fui eu, nunca mataria Severino... nem meu marido. Quis lhe contar isso.

— Obrigado, dona Terezinha, por me contar, não repetirei a ninguém o que ouvi da senhora. Mas será que o senhor Claudino não a ama, do modo dele? Ele se preocupou com a senhora. Elogiou-a para mim – mentiu –. Nesses anos que estiveram juntos, passaram por muitas coisas, acontecimentos tristes e alegres. Seu marido comentou que a senhora sempre foi uma boa esposa. Veja, dona Terezinha, as qualidades que ele tem. Quanto a ser exigente, é porque foi criado assim, e a senhora permitiu que continuasse sendo. Talvez ele espere mais atenção e carinho da senhora.

— Será? – Terezinha duvidou. – Então, ele me elogiou?

Bruno sorriu, mentiu, mas estava fazendo uma pessoa se sentir melhor. Talvez ajudasse o casal na convivência deles.

— Vou voltar para casa; saí, quis falar com você; Claudino foi ao pasto ver uma vaca, deve retornar logo. Obrigada, Bruno. Você acreditou em mim, não é?

— Sim, senhora, acreditei.

Ela foi para a casa dela, ele pegou a bicicleta e voltou para a sua.

Severino o esperava na porta. Bruno contou para ele a conversa que teve com a vizinha.

— *Que coisa! Então era verdade mesmo que ela gostava de mim. A moça que Terezinha citou era bonita. Estávamos nos olhando, conversamos por umas três vezes. Era interessante. De repente, ela foi embora sem se despedir. Uma semana depois nem me lembrava dela. E aí, vai tirá-los da lista?*

— Rasguei a lista! Não é para desistir da investigação? Mas, se estivesse ainda investigando, talvez tirasse Terezinha, mas não Claudino. Ele é suspeito! Agora mais do que nunca; amando ou não a esposa, ele não deve ter gostado de saber que ela se interessou por outro. Homens machões não aceitam que a mulher goste de outro. Que domingo! Ficar sozinho dentro de casa não é fácil!

Fez o que tinha de fazer, depois leu *O Evangelho segundo o espiritismo*, capítulo 17, "Sede perfeitos", seção "O homem de bem", item 3. Bruno leu vagarosamente e percebeu que, no final, tanto Romoaldo como Severino estavam chorando.

"Por que chora, Ramu?", o moço quis saber.

"*Penso que fiquei emocionado recordando o passado; agora, escutando essa leitura, percebo o tanto que tenho de me melhorar.*"

"Importante", Bruno o incentivou, "é ter esses itens como metas. Quero vê-los como setas, indicando o caminho que devo percorrer para o progresso. Penso em estudá-las, olhá-las e seguir na direção indicada. Porém sou eu que tenho de caminhar, e passo a passo. Não devemos, diante de ensinamentos assim, maravilhosos, ficar parados observando, temos que fazer o que nos foi orientado; fazendo, caminhamos. Esse deve ser nosso objetivo."

"*Isso é misericórdia! Quero sempre estudar esse capítulo*", prometeu Romoaldo.

— "Padinho", o senhor se emocionou? – perguntou Bruno.

— *O que leu é bonito demais! Parece ser impossível, mas não deve ser, os que conseguem devem ser exemplo para outros conseguirem. Obrigado por ler para mim.*

— Vou ler novamente e podemos comentar cada frase.

Assim fizeram. Anoiteceu. Bruno jantou. Oraram; o moço foi dormir e conseguiu. Teve um sono tranquilo.

A morte, para os homens, mais não é do que uma separação material de alguns instantes. [...] devem extinguir-se todos os ressentimentos. Que a eles, daqui em diante, sejas inacessível, a bem da tua felicidade futura! Perdoa, portanto, aos que hajam incorrido em falta para contigo, como eles te perdoam as que tenhas cometido para com eles.

10

A surpresa

10

BRUNO ACORDOU CEDO, NOVAMENTE TEVE POUCAS COIsas para fazer, e ficar à toa o aborreceu. Resolveu andar de bicicleta pelo sítio. Concluiu, depois do passeio, que o local era bonito e produtivo.

Esperou ansioso o horário para ir à cidade.

— Vou perguntar ao grupo da praça se eles sabem quem poderá comprar o sítio, voltarei mais cedo para ir à fazenda do senhor Ariovaldo. Quem sabe ele compra? O sítio faz divisa com as terras dele.

Foi à cidade, ficou atento pelo caminho, pedalou rápido. Antes de chegar à praça, foi parado por uma moça.

— Senhor, por favor! – pediu ela.

Bruno parou, olhou-a, e a moça explicou:

— Por favor, preciso falar com o senhor. É importante! Muito! Não posso falar aqui, dê uma volta pela praça e depois entre na igreja, eu o estarei esperando lá.

Saiu de perto dele apressada. Bruno ficou indeciso se iria ou não.

"A igreja nesse horário não deve ter ninguém, mas é um local público. Depois, se não for, não saberei o que ela quer me dizer. Vou!", decidiu.

Contornou a praça, parou ao lado da porta lateral da igreja que ficava aberta, deixou a bicicleta encostada na parede e entrou. Viu a moça sentada num banco, sentou-se ao lado dela.

— Bruno – sussurrou ela –, sei como se chama, todos aqui sabem e também quem é. Sou Marina! Quero lhe vender uma informação...

— Vender? – Bruno a interrompeu, não entendeu o que ela quis dizer.

— Sim! – a moça afirmou. – Sei que tem perguntado por aí, investigado para saber quem matou seu "padinho". Sei de algo. Preciso de dinheiro. Por isso, quero vender uma informação.

— Por quanto?

Marina falou a quantia. Caro para uma informação.

— Não estou investigando – afirmou Bruno –. Se fiz algumas perguntas foi somente por curiosidade. De fato, indaguei à polícia, mas eles disseram não saber de nada. Não vou pagar por informação. Vá à polícia!

— Para eu ser morta? Está doido? Tenho uma informação muito boa, mas não tenho provas. É uma pena você não querer. Era minha última esperança.

— Esperança? Por quê? – Bruno ficou curioso.

— De conseguir dinheiro para ir embora daqui, deste lugar horroroso – a mocinha lastimou.

— Você precisa então de dinheiro? – o moço ficou com pena dela.

— Minha vida é complicada! – continuou falando em tom baixo e lamentoso. – Mas não fui eu quem a complicou. Meu pai sempre trabalhou na lavoura; minha mãe, de empregada na casa do dono da fazenda. Desde pequena, trabalho ora na lavoura, ora de empregada doméstica na casa sede. Gostei de um rapaz, amei-o muito, e ele preferiu uma outra moça, sofri bastante. Por aqui, já passei da idade de casar. Não tem um moço solteiro para namorar. Fui despedida do trabalho, e minha vida está muito complicada financeiramente e por outros problemas. Se você me pagar pela informação que tenho, vou embora para longe, para uma cidade grande, para o Sul. Com certeza arrumarei emprego, não sou preguiçosa e terei mais chances de casar.

Bruno ficou com dó da moça.

— Está bem, compro sua informação e, se for boa mesmo, lhe dou um extra.

— Prometido? Você está na igreja, em frente à Virgem Maria! – Marina quis a confirmação dele.

— Prometo! Pode confiar!

— Penso que sei quem matou o senhor Severino. Mas sou sincera, não tenho provas. E não repetirei a nenhum policial o que direi a você. Tudo bem?

— Tudo bem, pode falar – concordou Bruno.

— Meus pais moram na fazenda do senhor Ariovaldo, minha mãe é cozinheira na casa dele, e eu trabalhava como arrumadeira. Como deve saber, o senhor Ariovaldo trouxe da capital do estado uma moça com a idade do neto mais velho dele, a Regina. Ficamos amigas. Regina não gostava do meu patrão, mas estava convivendo numa boa com ele, que a agradava e a levava para viajar, algo de que gostava muito. Ela me contou que o pai dela devia dinheiro para o senhor Ariovaldo e que o conheceu quando ele foi à casa dela cobrar a dívida. Então Regina resolveu conquistá-lo e livrar sua família da dívida. O pai dela e o senhor Ariovaldo eram amigos de muitos anos. Regina já tinha tido namorados, envolvimentos e estava desempregada. Meu patrão apaixonou-se, perdoou a dívida, e Regina aceitou vir para a fazenda com ele. Ela continuou a agradá-lo. Como não tinha na fazenda com quem conversar, ela o fazia comigo, que tenho a idade dela: íamos ao pomar, andávamos a cavalo etc. Então, o neto do senhor Ariovaldo, Cássio, veio à fazenda para ajudar o avô com o gado. Demorei para perceber que Cássio e Regina estavam enamorados. Regina não pediu mais para viajar e o neto foi ficando. Os dois não se encontravam dentro de casa, mas arrumaram um bom lugar para se encontrar: o Grotão do Susto. Eu a ajudava, saíamos como se fôssemos ao pomar, eu ficava colhendo frutas e ela ia para lá. Cássio, que estava sempre galopando pela fazenda atrás do gado, ia também para o Grotão. O lugar é perfeito para encontros, ninguém vai lá, não gostam. Mas Regina, enamorada, ficou diferente; penso que o senhor Ariovaldo a seguiu ou a viram saindo da Grota e contaram para ele. Regina me contou que discutiram, e ela disse que o homem que a fascinava era mais velho, ao contrário de Cássio, e completou que era gentil e experiente. Aí o senhor Severino apareceu morto, assassinado.

Marina fez uma pausa. Bruno acompanhava seu relato atento e surpreso.

— Todos nós nos assustamos – continuou Marina –, os dois enamorados mais ainda. Regina ficou apreensiva. Com certeza, com medo. Os dois então planejaram fugir. Eu não sabia do plano dos dois. No dia em que fugiram, o senhor Ariovaldo foi pela manhã a cavalo para um local da fazenda, Cássio o acompanhou. O neto deve ter dado alguma desculpa, fingiu ir para outro lado, porém voltou à sede; os dois carregaram rápido o veículo e partiram. Penso que Regina planejou tudo o que levariam e colocou no carro suas roupas; alguns objetos da casa, como quadros, peças de cristais; e as joias, não eram muitas, da esposa falecida do meu patrão. Quando o senhor Ariovaldo voltou, ninguém teve coragem de contar o que havíamos visto. Ele, como sempre, entrou na casa chamando por ela. Foi ao quarto e viu a carta que Regina deixara se despedindo. Então contamos que os dois partiram e ele se enfureceu. Depois se acalmou, foi à cidade e telefonou para o filho, o pai de Cássio. O filho disse que de fato os dois fugiram, e para longe, e que era bem feito para o pai, que tinha por amante uma jovem com a idade do neto, e o ameaçou, que era para ele não ir atrás dos dois. O meu patrão voltou para casa, ficou três dias quieto pensando no que iria fazer. Decidiu ficar na fazenda e não tomar atitude nenhuma com a traição. Ele me chamou, me acusou de esconder o romance dos dois e de ajudar Regina. Mandou-me embora, não me pagou e me proibiu de voltar à fazenda. Vim para a cidade, estou hospedada na casa de uma tia, e ela quer que eu saia de lá. Não consegui arrumar outro trabalho. Você entendeu?

— Sim, infelizmente entendi! – Bruno suspirou, estava muito surpreso.

— Não sei se foi o senhor Ariovaldo. Não tem como saber se ele é o assassino.

— Vou lhe pagar – decidiu Bruno –. Como faço? Agora, aqui comigo, não tenho dinheiro.

— Mas você tem esta quantia? – Marina se preocupou.

— Sim, tenho no sítio.

— Pegue o dinheiro e o deixe na estrada – Marina encontrou a solução –. Na trilha para ir à casa do seu sítio, tem, do lado esquerdo de quem vai, uma pedra. Deixe o dinheiro embrulhado atrás dela. Se você for agora, quinze minutos depois eu também, de bicicleta, irei. Se alguém me vir, pensará que estou indo encontrar com minha mãe ou meu pai na estrada. Pego o dinheiro, vou mais para frente, espero um pouco e volto à cidade.

— Combinado! Mas posso lhe dar um conselho? Não vá para longe. O Sul é muito diferente daqui e você estará sozinha. Por que você não vai para a capital do estado, que é uma cidade grande, bonita e não estará tão distante? Depois, não suma, avise seus pais, escreva para eles, não os preocupe. Se não der certo, fica mais fácil voltar. Aconselho também a não falar disso, o que me contou, a mais ninguém. Eu não comentarei e também estou indo embora.

— Já vou!

Marina levantou-se e saiu da igreja, apressada. Bruno orou por uns minutos, depois saiu, pegou a bicicleta e voltou rápido para o sítio.

— *Por que voltou, Bruno?* – Severino preocupou-se ao vê-lo.

— Conto tudo logo mais. Tenho agora de pagar uma pessoa.

Abriu o esconderijo, contou o dinheiro, pegou o que tinha combinado e mais o extra, embrulhou num papel e, andando rápido, o levou ao lugar que Marina falara. Depois, subiu na árvore e ficou observando. Passados oito minutos, Marina foi de bicicleta, pegou o embrulho e continuou a pedalar; logo depois ela parou, esperou uns cinco minutos, voltou e foi embora tranquila. Bruno desceu da árvore, entrou na casa e contou para Severino o que acontecera.

— *Será que foi Ariovaldo quem me matou? Isso que é surpresa!* – Severino indignou-se.

— Faz sentido, "padinho". Ele estava apaixonado, desconfiou que ela o traía. Regina falou que gostava de um homem e o descreveu sem querer, porque nem o conhecia. Ninguém vira pessoas diferentes andando por aqui. Ariovaldo a viu ou contaram para ele que Regina estava indo à grota. E quem poderia ir ao Grotão do Susto e não chamar a atenção? O senhor!

— *Ariovaldo pensou que eu era amante dela e me eliminou! Que coisa! Muitas pessoas poderiam ter motivos, embora nenhum grave, para me matar, e quem não tinha, porque Ariovaldo nunca teve do que se queixar de mim, me assassinou. Será que foi isso mesmo o que aconteceu? Ainda duvido.*

— Não teremos como saber – concluiu Bruno.

— *Se eu o vir, saberei se foi ele. Mas como vê-lo? Não consigo sair daqui. A não ser... Você, afilhado, poderia chamá-lo. Se você for à estrada, verá um empregado dele por ali; nessa época, eles trabalham perto da divisa. Peça para dar um recado, que você precisa falar com Ariovaldo, sobre negócios. Com certeza, ele virá e aí você iniciará a conversação. Sentirei se esse homem for o assassino. Diga que quer vender o sítio e pergunte se ele, como vizinho, não quer comprá-lo. Porém, afilhado, eu lhe peço, se sentirmos que foi Ariovaldo, não venda meu sítio para ele.*

— Farei o que o senhor quiser – prometeu o moço.

Foi a pé na estrada e ficou perto da grota, andando devagar. Fazia quarenta e cinco minutos e nada. Pensava em desistir, quando viu um empregado de Ariovaldo perto da cerca. Aproximou-se, cumprimentou-o e pediu:

— Você poderia dar um recado para o seu patrão? Diga a ele que Bruno, o afilhado do Severino, quer falar com ele sobre negócios, que o estou convidando para vir ao sítio e, se possível, ainda hoje.

— Dou o recado, sim, estou indo para a sede.

Bruno agradeceu e se despediu. Voltou para a casa, não a abriu, sentiu-se inquieto e não sabia o que fazer. Escutou trote de cavalo, saiu rápido da casa e ficou à sua frente. Sentiu que Severino também estava agitado, e Romoaldo, atento. Ariovaldo aproximou-se.

— Boa tarde, senhor Ariovaldo – cumprimentou Bruno –. Obrigado por ter vindo. Pensei bem e resolvi não morar aqui. Decidi vender o sítio. O senhor não quer apear? Entrar?

— Não, prefiro ficar aqui. Então decidiu vender a Grota Profunda? – a visita continuou montada no cavalo.

— Sim, senhor. Concluí que não saberei cuidar do sítio. Estou oferecendo para o senhor porque meu padrinho o elogiava demais – tentou provocá-lo –. Nas cartas, sempre mencionava o senhor. Escrevia que o admirava, que o senhor era trabalhador, um exemplo, amigo fiel e, uma vez, afirmou que punha a mão no fogo pelo senhor.

O fazendeiro escutava atento, abaixou a cabeça. De repente, Bruno viu Severino pular, pegar o pescoço de Ariovaldo e apertar.

— *Foi ele!* – gritou Severino.

Bruno também sentiu raiva, estava em frente a um assassino, não podia fazer nada. Ariovaldo tossiu, ficou ofegante, pareceu estar sufocando. Certamente, o desencarnado não podia apertar o pescoço de um encarnado, mas a energia dele pode, sim, incomodar.

— Calma! – Bruno aproximou-se e segurou a rédea do cavalo, porque o animal, sentindo uma energia diferente, se assustaria. Severino desceu, e Bruno o empurrou. Também isso não seria possível, foi a energia do moço que o impulsionou para que se afastasse.

— O senhor está bem? – Bruno perguntou.

— Devo ter sentido um ligeiro incômodo.

Bruno pensou em dizer que podia ser o calor, mas não estava quente.

— O senhor aceita um copo d'água? – ofereceu o moço.

— Sim, por favor.

O afilhado de Severino correu para dentro da casa.

— Fique longe dele, "padinho", por favor. Depois conversaremos – ordenou Bruno.

Pegou a água.

— É mineral, compro de galão – comentou o moço –. O senhor se interessa pelo sítio?

Bruno quis terminar a conversa. O visitante tomou a água e devolveu o copo.

— Interesso-me. Quanto quer por ele?

Bruno disse o valor como escutara do "padinho", o maior preço. O fazendeiro rebateu que não valia e que comprava por bem menos. O moço insistiu um pouco mais. Ariovaldo fez outra oferta e finalizou que não pagaria nem um centavo a mais.

— Se eu encontrar melhor oferta? – Bruno quis saber.

— Não encontrará, mas se encontrar pode vender.

— Posso mesmo? – Bruno quis ter certeza.

— Claro, rapaz. Tenho certeza de que não encontrará. Pode ir lá em casa, receberei com prazer o afilhado do Severino. Quando decidir, vá me procurar.

Despediram-se.

— *Afilhado, eu lhe peço, não venda meu sítio para ele* – Severino reforçou o pedido.

— Não vendo!

"*Bruno,*" alertou Romoaldo, "*você viu o que fez? Indignou-se, sentiu raiva, e Severino, mesmo sem saber, usou de sua energia para atacar Ariovaldo.*"

"Fui imprudente! Não devia ter ficado irado", Bruno se aborreceu.

"*Todos nós erramos. O importante*", Romoaldo lhe deu uma preciosa lição, "*é prestar atenção e não cometer mais o mesmo ato equivocado. É muito bom saber que temos sempre oportunidades para fazer novamente o mesmo ato e poder acertar. É prazeroso acertar quando anteriormente erramos. Isso ocorreu comigo: uma vez Pai João me criticou, aconselhou-me que na próxima vez fizesse com acerto; logo ocorreu de novo a mesma situação e pude provar que aprendera, fiz corretamente. Você é médium, tem muito potencial mediúnico, precisa estar atento para não doar energia a desencarnados e eles conseguirem agir com imprudência. Você indignou-se diante de um assassino, e Severino, com raiva, atacou-o com sua energia. Se cada um é dono de seus atos, Ariovaldo é responsável pelos seus.*"

Bruno entrou em casa e escutou Severino chorar.

— O que foi, "padinho"?

— *Enquanto você foi falando, Ariovaldo sentiu remorso por ter me matado. Foi depois que atirou em mim que descobriu que o amante da Regina era o próprio neto. Não sei como, mas senti ele pensando que, naquela tarde, ficara de tocaia, porque sabia que eu costumava andar pela estrada. Quando me viu, atirou duas vezes, escondeu-se no Grotão e, de lá, foi para sua fazenda. Sentiu por ter me matado porque eu era inocente. Matou um inocente!*

— "Padinho" – Bruno estava mais calmo –, pior se o senhor fosse o culpado.

— *Culpado merece!*

— Culpado sente culpa, o que traz consequências. Inocente, se não guardar mágoa, sente paz. Por isso, "padinho", esforce-se para estar em paz e deixe Ariovaldo. Ele sofre porque estava, e talvez ainda esteja, apaixonado. Amava-a a ponto de não ter desejado pegá-la em flagrante ou mandá-la embora; e também sofre pelo remorso de ter assassinado uma pessoa equivocadamente. Foi traído, e pelo neto, que não respeitou o lar que o acolhera. Os filhos não gostam dele, o pai de Cássio até o ameaçou. Ele agiu errado e terá o retorno. Vou tomar banho mais cedo.

Continuou com a casa fechada, jantou.

— "Padinho", como faço para vender o sítio? – indagou Bruno.

— *Pergunte! Anuncie!* – escutou de Severino.

— Claudinei! – lembrou Bruno. – Amanhã é dia de ele ir à outra cidade levar seus produtos para vender. Vou à estrada depois da bifurcação para esperá-lo. Talvez ele saiba quem se interessa em comprar o sítio.

Pegou *O Evangelho segundo o espiritismo*, abriu no capítulo 7, "Bem-aventurados os pobres de espírito". Leu-o todo e repetiu um pedacinho que havia anteriormente grifado, item 12:

Homens, por que vos queixais das calamidades que vós mesmos amontoastes sobre as vossas cabeças? Desprezastes a santa e divina moral do Cristo; não vos espanteis, pois, de que a taça da iniquidade haja transbordado de todos os lados.

Orou e deitou-se.

— Ah, meu Deus! Faça que eu durma!

Dormiu. Acordou e, antes de qualquer atividade rotineira, subiu na árvore e olhou para todos os lados, tudo estava normal. Esperou ansioso o horário para encontrar Claudinei. Calculando que ele passaria por ali logo, foi de bicicleta para a estrada esperá-lo um pouco mais cedo. Estava ansioso. Tomou cuidado para que Terezinha não o visse. Concluiu que não foi visto. Escolheu, para ficar perto, umas pequenas árvores.

"É preferível esperá-lo aqui do que ficar em casa."

Mas não esperou muito, Claudinei fora mais cedo. Alegrou-se quando viu a camionete. Com o veículo perto, foi para o centro da estrada e fez um sinal para ele parar. Claudinei parou. Cumprimentaram-se.

— Claudinei – Bruno explicou –, estava esperando você. Resolvi vender o sítio e queria lhe perguntar se não está interessado ou se sabe quem queira comprá-lo.

— Querer, até que quero – Claudinei sorriu –, mas não tenho condições para uma compra assim. Talvez Nestor possa comprar. Escutei que ele está querendo adquirir mais terras por aqui.

— Quem é Nestor? Penso que não o conheci.

— É meu vizinho, do outro lado. Tem uma bela e grande fazenda – elucidou Claudinei.

— Será que posso ir lá?

— É longe para ir de bicicleta. Vi Nestor ontem, então ele está na fazenda. Dou carona a você. Coloque a bicicleta aí atrás.

Bruno o fez, entrou na frente e foram conversando.

— Nestor – informou Claudinei – é uma boa pessoa. Nós nos damos bem como vizinhos. Sua fazenda é produtiva. Ele tem casa na cidade, não nesta pequena nem na que levo produtos, é em outra que fica do outro lado, mais perto da capital.

— Seu sítio também é produtivo? – Bruno perguntou.

— Sim, é. Trabalho muito nele, é pequeno, não tenho dinheiro sobrando, por isso não posso comprar mais terras. Tenho três filhos, os dois mais velhos são meninos, e a caçula, uma menina deficiente. Nasceu com síndrome de Down, mas também é muito doentinha. Gastamos muito com ela e com médicos e remédios, minha esposa a leva a uma psicóloga para fazer terapia. Laurinha tem de ter cuidados especiais.

— Espero que, por ela, você e sua esposa não descuidem dos outros dois – Bruno deu sua opinião.

— Como? – Claudinei não entendeu.

— Tenho um amigo, trabalhamos juntos numa oficina mecânica, que se queixava sempre que os pais davam mais atenção, carinho, para o outro filho, que era especial, doentinho, como sua filha. Ele amava o irmão, mas se sentia em segundo plano e se esforçava para não se sentir culpado por ele ser sadio e o irmão não. Tudo era para o outro, porque era doente. Esse meu amigo falava sobre isso com mágoa. Penso que os pais dele amavam os dois filhos, mas a atenção era para o outro.

— Nossa! Você está me alertando! Penso que estamos, minha esposa e eu, fazendo isso, tudo é para ela. Os dois são sadios – Claudinei sentiu-se realmente alertado.

— Os dois também são filhos e crianças. Desculpe a intromissão, mas preste atenção, não cometa o erro que normalmente é comum em pais que têm um dos filhos necessitado de mais cuidados. Os outros dois filhos são sadios, graças a Deus, porém são também carentes de atenção e amor.

Chegaram ao sítio de Claudinei. Bruno decidiu pegar sua

bicicleta para ir, porque, como ele explicara, era somente seguir pela estrada que encontraria a fazenda de Nestor.

— Vou levá-lo lá – decidiu Claudinei –. Tenho de entregar a ele uma bomba que peguei emprestado. Devolvo e o apresento. Vou avisar à esposa e pegar a bomba.

De camionete não era longe, logo chegaram. De fato, a fazenda era bonita, tinha uma casa grande e outras cinco menores, um paiol, curral, horta, pomar e, com certeza, muitas áreas de plantio.

Vendo a camionete chegar, um homem veio à área da casa.

— É o Nestor! – avisou Claudinei.

Desceram. Claudinei apresentou Bruno. Foram convidados a entrar.

— Vim devolver a bomba e lhe agradecer. Nestor, Bruno é afilhado de Severino, ele herdou o sítio e quer vendê-lo. Veio oferecê-lo. Vou levar a bomba ao galpão e irei esperá-lo. Eu o levarei de volta, darei carona a ele até o meu sítio.

Claudinei saiu, e Bruno foi direto ao assunto.

— Não sei cuidar, trabalhar com a terra, e concluí que não me acostumarei aqui, longe da minha família. Quero vender a Grota Profunda. O senhor quer comprá-la?

Nestor o olhou, Bruno se sentiu observado. Ficou ansioso esperando a resposta.

— Quero comprá-lo. Quanto quer por ele?

Bruno falou a quantia maior.

— Não vale isso! É caro! Pago...

— O que está oferecendo é pouco – lamentou o afilhado de Severino.

A quantia que Nestor falou era menos que Ariovaldo afirmara que pagaria. Negociaram. O fazendeiro aumentou, Bruno pediu mais. Depois de uns minutos de conversação, chegaram a um resultado. Um pouco menos do que Ariovaldo oferecera.

— O moço quer ir embora, não é? O melhor que tem a fazer é ir logo – aconselhou Nestor.

— O senhor não poderia me fazer um favor? É simples! Por favor, diga a todos que me pagou mais.

— Faço isso, sim – sorriu –. Vou chamar Claudinei.

Chamou pelo vizinho e contou:

— Comprei o sítio de Bruno por tanto... – disse a quantia combinada. – Irei agora à cidade, ao cartório onde Severino fez o testamento, lá tem meus dados e os de Bruno. Por enquanto, essa negociação é segredo. Moço, você não deve contar para ninguém que me vendeu o sítio. Ninguém, ouviu? Se tudo acontecer como penso, amanhã cedo passaremos a escritura, e você, de lá, do cartório, deve partir. Entendeu?

— Sim, compreendi. Mas será que o cartório fará uma escritura assim tão rápido? – Bruno duvidou.

— O cartório é ocioso; pagando, faz rápido. Aqui é assim. Por enquanto, somente nós três sabemos dessa negociação. Não devemos comentar. Pedirei para o encarregado do cartório, ele é meu amigo, para manter segredo até assinarmos a escritura. Se tudo ocorrer como planejo, poderemos ir amanhã ao cartório, então mandarei um moleque da fazenda avisá-lo. O garoto dirá somente, se for amanhã: tudo bem! Se não puder ser, o menino dirá o dia da semana. Ele deve ir ao seu sítio lá pelas cinco horas da tarde. Irei à cidade agora e deixo os dois cheques prontos, um para amanhã e outro para daqui trinta dias. Se puder ser amanhã, me espere na estrada depois da bifurcação, às oito horas. Entendido?

— Sim, e o agradeço – Bruno sorriu, tentando não demonstrar que duvidava.

— Tenha cuidado e não faça mais perguntas por aí – aconselhou Nestor.

Despediram-se e partiram.

— Que bom que deu certo! – Claudinei realmente ficou contente.

— Foi mais rápido do que eu pensei. Graças a Deus.

Bruno não entendeu o conselho de Nestor; Claudinei, percebendo, tentou explicar:

— Por aqui se fala demais, por isso Nestor se preocupou. Você fez algumas perguntas que não devia. Não as faça mais.

— Fiquei curioso, quis saber quem matou meu "padinho" – justificou Bruno.

— Atenda aos conselhos de Nestor. Se ele pediu para não falar da venda, é porque, se pessoas souberem, vão comentar: uns acharão que vendeu caro; outros, barato. Nestor não gosta de fofocas, tanto que vai raramente a essas duas cidades. Quanto a sugerir que você vá embora após passar a escritura, deve ser porque já comprou e quer usufruir do sítio e precisa da casa. Penso que é melhor mesmo você ir logo embora daqui.

Chegaram ao sítio de Claudinei, ele não parou.

— Vou levá-lo perto da bifurcação.

— Claudinei, agradeço. Muito obrigado! Meu "padinho" Severino possuía um revólver, não quero levá-lo comigo, não gosto de armas. Você o quer?

— Nossa! Quero, sim! Não tenho nenhuma arma. É bom ter uma, às vezes precisa matar uma cobra.

— Será que posso lhe pedir mais um favor? – Com a confirmação de cabeça do condutor da camionete, ele pediu: – Na casa tem roupas de Severino, alimentos, utensílios e móveis. Você não os pegaria, já que irá buscar o revólver, e levaria esses objetos ao outro lado da praça, para doar para as oito famílias que lá moram em barracos e dar mais para a Maria Rita?

— Sei onde estão esses casebres e também que Severino os ajudava e que você foi até lá e levou coisas para eles. Faço isso, sim! Depois de dois dias que tiver vendido o sítio, irei lá de camionete, com um empregado, carrego tudo o que der, levo para eles e fico com o revólver para mim. Vou passar a ajudar essas famílias. Agora é melhor você descer aqui; se seus vizinhos o virem comigo, vão querer saber por quê.

Bruno agradeceu novamente e se despediram. De bicicleta, foi para casa. Ninguém o viu, ou pelo menos não o chamaram.

"Como aqui todos sabem de todos. Incrível! Até Claudinei soube que fui aos barracos!"

Chegou e contou tudo para Severino.

— *Fico duas vezes contente* – afirmou Severino –. *Por vender para Nestor e porque terá dinheiro para estudar.*

— O senhor conhece Nestor? Ele é mesmo de confiança? Ele me pediu para não contar a ninguém sobre a venda e ir embora da cidade do cartório mesmo, após assinar a escritura.

— *Nestor é honesto, sim* – opinou o ex-dono da Grota Profunda após pensar um instante –. *Como a fazenda dele fica mais próxima da outra cidade, ele tem casa lá e, pelo que sei, suas filhas residem também nessa cidade. Nestor não vem muito para o lado de cá e não participa de fofocas. Pelo que escutei, ele é de confiança. Quanto a ele pedir para não comentar sobre a venda, ele tem razão: se você contar ao grupo dos desocupados, escutará muitos palpites e, pior, tentarão fazê-lo mudar de ideia e não vender o sítio. Quanto a ir embora logo após, penso que é o que deve fazer mesmo. Aqui não é seguro, a casa não oferece abrigo. Não ficou com medo de Claudino? Alegrei-me por você ter me atendido. Foi boa ideia pedir para Nestor falar que comprou por mais. Ariovaldo não afirmou que se você encontrasse por mais que poderia vender? Pois encontrou, ou pelo menos ele pensará que encontrou.*

Bruno fez o almoço, era mais tarde do que de costume e, depois que se alimentou, foi à cidade. Foi direto encontrar-se com o grupo. Sentou-se perto deles pensando em ficar por pouco tempo, teria de retornar logo para esperar o garoto que levaria o recado. Conversaram sobre o tempo, depois que a cunhada de uma pessoa que morava na outra cidade falecera, que fulana estava grávida. Bruno os escutou calado, depois aproveitou que fizeram uma pausa e comentou:

— Tive aqui, nesta cidade, um prazer enorme em conhecê-los. Escutá-los foi, para mim, muito proveitoso. Quero lhes agradecer pela acolhida – não quis que parecesse uma despedida. E completou: – Espero que sempre me recebam com essa atenção. Os senhores são muito boas pessoas! Hoje não posso ficar muito, vou fazer compras.

Despediu-se.

Foi, de fato, ao bar, comprou pão e uma bandeja de doces para dar aos vizinhos.

Voltou ao sítio. Na frente da casa de Claudino, gritou por Terezinha. Os dois saíram na porta. Bruno entregou o pacote.

— São doces para os senhores – ofereceu o moço –. Para os melhores vizinhos do mundo! O senhor e a senhora são pessoas que me cativaram, quero lhes agradecer por tudo.

Com medo de que eles pensassem ser uma despedida, finalizou:

— Será, para mim, um prazer tê-los como vizinhos.

Os dois sorriram contentes, agradeceram pelos doces e o convidaram para entrar. Bruno se desculpou, tinha de ir embora. Despediram-se. Ele foi para casa e esperou. Enquanto aguardava o garoto chegar para lhe dar o recado, abriu o *Evangelho* no capítulo 28 e leu o item "Ação de graças por um favor obtido". Depois agradeceu:

— Obrigado, "padinho", por ter me deixado o sítio. Muito obrigado! Quero agradecer a Deus por ter vendido a Grota Profunda. Vamos agradecer a Jesus? O Mestre Amigo deixou um lugar maravilhoso, em que morava no plano espiritual, para reencarnar na Terra e para nos ensinar. O senhor já pensou o que seria de nós se não tivéssemos esses ensinamentos para nos guiar?

— *Se tendo, tudo ainda é tão difícil, imagine se não tivesse? Você tem razão, afilhado, devemos agradecer a Jesus por ter nos ensinado todas essas coisas e recomendado que nos amássemos. Jesus, muito obrigado!*

Os dois se calaram. Foram muitas surpresas.

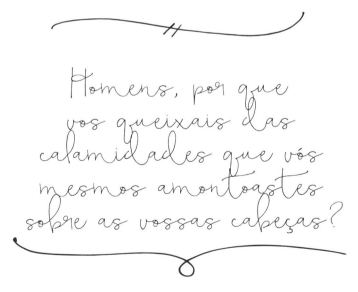

Homens, por que vos queixais das calamidades que vós mesmos amontoastes sobre as vossas cabeças?

11

O regresso

11

BRUNO ABRIU A CASA E FICOU ATENTO. ERAM CINCO HOras da tarde quando escutou trote de cavalo, saiu à frente e, pela trilha, vinham dois garotos num cavalo. Cumprimentaram-se.

— O senhor é Bruno? – perguntou um deles.

— Sou, sim.

— O meu patrão, o senhor Nestor, mandou lhe dizer: tudo bem.

— Obrigado! Aceitam um doce? – ofereceu Bruno.

Os garotos aceitaram contentes. Comendo, contaram que eram irmãos, que o pai deles trabalhava na fazenda do Nestor e que gostavam muito de lá. Disseram que iam à escola, numa fazenda próxima, e que Nestor fazia todos os meninos e meninas frequentarem. Também falaram que eles sabiam ler e escrever, que seus pais eram analfabetos e que tinham mais seis irmãos.

— Vocês sabem andar de bicicleta? – perguntou o dono da Grota Profunda.

— Eu sei – afirmou o garoto maior –. Meu irmão está aprendendo. Quando vamos à cidade na casa da minha tia, meu primo tem uma bicicleta, mas ele não gosta de emprestar; com o pouco que nos deixa andar, aprendi.

Bruno pegou sua bicicleta.

— Vou dar esta a você – apontou para o mais velho –. Porém é para emprestar para seus irmãos.

Os dois meninos ficaram eufóricos.

— Você volta pedalando; e você, no cavalo. Diga a seus pais e ao senhor Nestor que eu dei a bicicleta a você. Entendeu? Diga também ao patrão de seu pai que eu entendi o recado. Outra coisa, se alguém por aqui – mostrou a casa de Claudino – perguntar da bicicleta, respondam que eu a emprestei.

Concordaram com a cabeça. Agradeceram e foram embora, o menor no cavalo e o outro na bicicleta. Bruno esperou que chegassem à estrada e subiu na árvore: os garotos não foram parados e estavam indo embora alegres e conversando.

Bruno entrou.

— Vou arrumar minhas coisas – decidiu. E para seu "padinho" escutar: – O senhor prometeu que depois de saber quem o havia matado iria embora.

— *Embora? Para onde? Como ir, se não saio daqui?*

— "Padinho", nós não temos nada, nem corpo físico; este, quando por algum motivo, cessa suas funções, ele morre. Nada de material é nosso. Somos donos somente dos nossos atos.

— *Minha mãe dizia que nascemos pelados e morremos sem nada e que, se ninguém nos vestir, seremos enterrados pelados!*

— Sua mãe era sábia! – admirou-se Bruno. – Aqui, encarnados, podemos usufruir de objetos, coisas, mas não devemos ser apegados porque, se julgarmos que algo nos pertence, com ele ficamos. Tudo é passageiro: coisas, objetos, que podem estar sob nossa responsabilidade somente por algum tempo. O senhor comprou de uma pessoa este sítio, deixou-o para mim, que o estou vendendo, e será de outra pessoa. Tudo o que é material muda de mãos. Pense que o senhor foi administrador dessas terras enquanto estava encarnado, porque tudo é de Deus. Não se sentindo dono, não fica apegado, preso. Sinta, "padinho", aqui como um lugar de Deus, que o Pai Celeste lhe emprestou porque trabalhou muito e fez por merecer.

— *Você deve ter razão. Tinha orgulho ao falar que a Grota Profunda me pertencia, porque foi com muito trabalho e esforço que consegui tê-la. Esqueci que foi pela vontade de Deus, foi uma graça que Deus me deu. Agora entendo que o Pai Criador me emprestou.*

— Voltando ao assunto – insistiu Bruno –, o senhor prometeu ir embora. Entendo que não sabe para onde ir. Como já falei, no local de orações que frequento, ajudamos pessoas como o senhor, que mudaram de plano, do físico para o espiritual. Como percebeu, eu vejo, converso com Espíritos, ou seja, desencarnados. Não sinto medo. Sou médium. Como converso com o senhor, faço isso também com os outros. Vou pedir para Romoaldo, um bom Espírito que está sempre me ajudando, para levá-lo para um bom lugar, onde vivem muitos desencarnados, e lá aprenderá a viver com esse corpo que está usando e poderá continuar trabalhando e fazer o bem. Romoaldo! – chamou.

Bruno sabia que seu protetor estava ali, e ele fez com que Severino o visse.

— *Nossa!* – admirou-se Severino.

— "Nossa" o quê, "padinho"? – o moço não entendeu.

— *Mas é um "negão"! É um homem muito grande! Você tem certeza de que ele é bom?* – Severino duvidou.

— Tenho! Ele é meu amigo. É grande porque, quando ele estava no corpo físico, era grande e forte.

Romoaldo o cumprimentou, sorriu; Severino continuou a observá-lo, ainda estava desconfiado.

— "Padinho", sinta com o coração. Observe Romoaldo e sinta o que ele é.

Ficaram em silêncio por alguns minutos.

— *Ele é bom!* – concluiu o ex-dono do sítio.

— Vá com ele, "padinho", o senhor gostará de lá. E, qualquer dificuldade, pense em mim, que tentarei ajudá-lo. Quero que me abençoe. A bênção, "padinho"!

— *Deus o abençoe, afilhado. Até logo!*

Os dois saíram, Romoaldo volitou com ele. Bruno se sentiu, então, muito sozinho. Até aquele momento, não havia se sentido só, pois sabia que Severino estava ali.

"Como é triste sentir solidão! Mesmo que seja como estou agora, por pouco tempo. O ser humano normalmente precisa da convivência de outras pessoas. Quero prestar atenção no que estou sentindo para entender pessoas que se queixam da solidão. Realmente é certo definir 'solidão' como se sentir só."

Fechou a casa, jantou, leu o *Evangelho* e ficou atento a barulhos. Revisou o que levaria consigo.

— Levarei uma mala somente. Vou deixar a outra, fica mais

fácil carregar uma e a mochila. Deixarei as toalhas de banho e as roupas de cama.

"Agora vou queimar os documentos do meu padrinho."

O fogo do fogão ainda estava aceso. Rasgou tudo e colocou para queimar. Deixou somente uma foto dele, a última que tirara. "Vou levar esta fotografia como recordação." Guardou-a na mala.

Abriu o esconderijo. Embrulhou em dois pacotes as joias. Colocou um pacote num tênis que iria na mala e outro dentro de uma meia. Dividiu também o dinheiro: um pouco na carteira, outro na mochila, e o restante na pochete, que colocaria preso à barriga, sob as roupas.

"Colocarei os dois cheques aqui também", decidiu.

Com tudo arrumado, orou e deitou-se. Sentiu a presença de Romoaldo, que lhe deu a notícia:

— *Vou ficar aqui com você, durma sossegado. Severino ficou bem. Levei-o ao posto de socorro que temos acima do nosso terreiro. Ele gostou, foi recebido com carinho. Penso que Severino se adaptará rápido, logo estará apto a fazer pequenas tarefas.*

— Obrigado, Ramu! Muito obrigado!

— *De nada!*

Bruno dormiu.

Acordou cedo, alimentou-se pouco, resolveu tomar banho e esquentou bastante água.

"Se vou viajar por dias, é melhor ir bem limpo."

Fez a barba como todos os dias e reforçou o desjejum. Trocou de roupa, deixou a toalha molhada numa cadeira e esperou. Mas estava tão ansioso que resolveu ir; deixou a porta como sempre que saía, fechada com o trinco. Pegou a mala, colocou a mochila nas costas e, andando devagar, foi pela trilha.

"Parece que faz muito mais tempo que estou aqui... e não poucos dias. Aconteceram tantas coisas! Ficar aqui sem o meu padrinho não é agradável. Quando ele foi embora, me senti sozinho."

Perto da estrada, virou, olhou a casa, as terras e a grota. Sentiu um aperto no peito.

"Dizer 'até logo', 'tchau', é se despedir sabendo que logo voltará, que verá a pessoa novamente ou o lugar. Mas 'adeus' dá a ideia de muito tempo afastado ou, como eu, neste momento, de uma despedida definitiva. Com certeza, não voltarei mais aqui, não verei mais esta paisagem, a casa."

Segurou para não chorar, e disse baixinho:

— Adeus! Levarei gravados na minha mente esta paisagem e este lugar, não esquecerei o que aconteceu aqui.

Foi caminhando devagar pela estrada, mas, ao passar perto da casa de Claudino e Terezinha, andou rápido, não queria vê-los nem dar explicações em que teria de mentir. Ao passar pela bifurcação, sentiu-se mais aliviado.

"Penso que ninguém me viu ou, se viu, não me chamou."

Ficou esperando no lugar em que combinara com Nestor. Colocou a mala no chão e aguardou. Também antes do horário, Nestor chegou, viera de carro, um automóvel bonito e caro. Bruno colocou a mala e a mochila atrás do banco e se sentou à frente.

— Pensei que teria de esperá-lo. Pelo visto, também se adiantou – comentou Nestor.

— Estava ansioso!

— Bruno, ao passar pela cidade, abaixe-se no banco. Não é bom o verem comigo. Depois coloque este chapéu. Também estou de chapéu, tenho usado, meus cabelos caíram.

Bruno pegou o chapéu e colocou na cabeça. Depois, olhou para Nestor, que explicou:

— Estou doente, câncer, faço tratamento com quimioterapia, mas deve ser inútil, minha doença se espalhou. Por enquanto, estou ainda me sentindo bem, passo mal quando tomo a químio.

Bruno não sabia o que dizer, por isso permaneceu calado.

— Quero avisá-lo – disse Nestor – que estou comprando o sítio Grota Profunda para um filho. Não estranhe, porque ele estará no cartório nos esperando.

Bruno prestava atenção ao que Nestor dizia, talvez por isso ele tenha continuado a contar, com certeza estava com vontade de desabafar, e Bruno era, naquele momento, o ouvinte ideal; partiria e, com certeza, não repetiria a ninguém o que escutara.

— Sou viúvo, fiz um bom casamento, tenho cinco filhos, três homens e duas mulheres. Faz oito anos que minha esposa faleceu, e de câncer. Cuidei dela com carinho e a vi sofrer muito. Tomara que eu não sofra tanto. Combinei com o médico, que é meu amigo, que, quando não suportar mais as dores, para não me dar mais o remédio que tomo para o coração. Mas, com certeza, morrerei quando Deus quiser.

Nestor fez uma pausa, suspirou e voltou a desabafar:

— Amasiei-me com uma mulher que tem uma filha. Moram as duas na minha casa na cidade. Sustentei-as, dei muitas coisas para elas. Ao saber que fiquei doente, ela ficou diferente, disse não gostar de doenças e doentes, que tem trauma e tem me evitado. Deixou claro que não quer cuidar de mim. Ela, porém, terá uma surpresa. Contratei um bom advogado, que está me ajudando a dividir tudo o que tenho. Quatro filhos meus nunca me deram problemas, mas o mais novo só tem me dado preocupações e, pior, briga muito com os irmãos. Está quase pronta a divisão, agora posso terminá-la. Dividi a fazenda em duas partes e vou doá-las para os dois filhos mais velhos; eles concordaram, acharam justa a divisão. Sei que continuarão com meu trabalho. Seria imprudente se dividisse a fazenda em três partes, porque este caçula é briguento e irresponsável, infernizaria a vida dos outros dois. Para as filhas, deixei casas boas, inclusive a que eu moro, e dois apartamentos para cada uma. Quando conheci essa mulher, ela morava numa casa própria, mas simples, e num bairro distante. Essa casa agora está alugada. Desocupei-a e fiz uma boa reforma, porque é lá que ela vai morar. Quando eu falecer, ela poderá pedir pensão, mas minha aposentadoria não é muito. Terá de mudar da minha casa porque a deixei para uma das minhas filhas, que é advogada e que não gosta dela. Não pense, Bruno, que estou fazendo isso com mágoa. Realmente, dei muito para as duas, mas não deram valor, não querem cuidar de um doente, não reconheceram o que fiz, o que receberam. Com certeza, darão valor quando perderem. Penso que minha companheira acha que receberá muito mais quando eu morrer. Resolvi que deixaria dinheiro para o caçula, mas aí você ofereceu o sítio e tive uma ideia: comprar para ele e dar mais uma oportunidade de trabalhar no que é dele. Vou construir uma casa boa na Grota Profunda para ele morar, um paiol, curral, comprarei sementes para serem plantadas e algumas cabeças de gados.

Calaram-se por uns momentos.

— O senhor fala com tranquilidade em morrer. Não tem medo da morte? – Bruno interessou-se em saber.

— Estamos entrando na cidade, abaixe-se, por favor – pediu Nestor.

Bruno abaixou, Nestor diminuiu a velocidade e cumprimentava as pessoas.

— Todos me conhecem, e eu conheço muitas pessoas, embora venha pouco aqui; vou mais à cidade em que tenho casa e que fica mais perto de minha fazenda. Você perguntou se tenho medo da morte? Nascer e morrer fazem parte de um ciclo natural. Não fiz maldades, tentei sempre ser justo e fiz caridades. Às vezes, temo por duvidar. Penso: o que será que encontrarei do outro lado? Sonho sempre com minha esposa: ela está sempre bonita, sadia e sorrindo; da última vez ela me disse carinhosamente que me ajudaria, para eu ficar tranquilo, que estaria comigo quando fizesse essa mudança. Confio! Quero confiar e me sinto tranquilo.

— O senhor acredita que seu caçula cuidará do sítio? – Bruno indagou mudando de assunto.

— Sinceramente, não sei. Avisei-o da compra depois que fechamos a negociação. Ele se alegrou. Disse a ele que estava usando de todo o meu dinheiro nessa compra. Alertei-o que, quando eu morresse, ele não poderia mais contar comigo nem com os irmãos. Dei a ele a vara e as iscas para sobreviver, mas terá de pescar, trabalhar. Espero, de coração, que ele cuide do sítio, mas pode ser que ele venda tudo e vá gastar; porém já sabe que os irmãos não o ajudarão.

— Eles sabem da gravidade de sua doença? – Bruno, curioso, quis saber.

— Não. Essa mulher que mora em minha casa, não estamos mais juntos, sabe, porém pensa não ser grave. Meus filhos não sabem do câncer, pensam que estou fazendo isso por precaução, por ter uma enfermidade no coração. Quem sabe mesmo é o meu médico. Mas, assim que tudo estiver pronto, contarei a eles.

— Espero que tudo dê certo! – desejou Bruno.

— Moço – informou Nestor –, estamos indo para o cartório, teremos somente de assinar, darei os dois cheques, aí você pegará o ônibus para a capital. Na rodoviária, terá de ir rápido ao guichê dessa empresa de ônibus – deu um papel com nomes e horários –, a passagem já está comprada. Minha filha fez isso. Infelizmente, direto para a capital do seu estado, tinha passagem só para daqui a três dias. Então ela comprou para uma outra capital e, desta, para outra e mais uma outra, que irá então para a capital do estado em que você mora. Todos ficam no caminho para ir para o Sul do país. A primeira passagem está paga, e as outras, reservadas. Chegando nessas rodoviárias, vá logo aos guichês das companhias citadas e regularize as passagens.

— Por que isso, senhor Nestor? – Bruno se preocupou.

— Você não queria ir embora? O melhor é ir. Sei o que está acontecendo. Você esteve investigando o assassinato de Severino. Para ter me vendido o sítio por um pouco menos do que tinha em oferta, houve motivos. Não é difícil concluir que motivo foi este. Você não quis vender a Grota Profunda para ele, seu vizinho. Ariovaldo trouxe para a fazenda uma jovem bonita, com a idade de seu neto. Desconfiou que ela o estava traindo. Viu, ou alguém lhe contou, que ela estava indo ao Grotão do Susto. Porém ninguém tinha visto pessoas diferentes por ali. Severino morreu, e ela fugiu com o neto dele, cinco dias depois. Este seu vizinho deve ter pensando que o amante era Severino, que sempre teve fama de sedutor.

— Houve comentários sobre isso?

— Alguns! – Nestor foi lacônico.

— O grupo dos senhores da praça não me contou nada – queixou-se Bruno.

— A turma dos desocupados? – Nestor riu. – De fato, eles sabem tudo o que acontece na região. Não sei se eles tinham conhecimento ou se chegaram a essa conclusão. Penso que não quiseram lhe contar, talvez eles tenham ficado calados porque ainda não tinham certeza se podiam confiar em você. Teme-ram que, se falassem, você poderia repetir e dizer que havia sido eles. Eles sabem que certos falatórios podem ser perigosos.

— O que é estranho é: se pessoas desconfiam, por que não falam para a polícia? – queixou-se o moço.

— Quem tem prova? São deduções. O que eu quero, espero que você faça, é o que estou aconselhando. Ariovaldo deve estar sabendo o que comentam; se ainda não sabe, saberá. Mas ele deve estar tranquilo, porque tem certeza de que não há provas. Quanto a ele não ter comprado o sítio, penso que não se impor-tará. Deve ter lhe dado uma boa oferta querendo que fosse em-bora, pois você seria a única pessoa a se interessar pelo crime.

— Ele afirmou que eu não encontraria quem pagasse mais e, se encontrasse melhor oferta, que eu poderia vendê-lo.

— Por isso pediu para eu mentir. Não quis vender para ele – deduziu Nestor.

— Comprei uma informação. Uma moça que foi emprega-da da fazenda me procurou e contou tudo isso que o senhor está me contando, que a Regina tinha falado a ele que gostava de homens mais velhos e descreveu, penso que sem querer, meu "padinho". Paguei, ela pegou o dinheiro e afirmou que iria embora daqui.

— Minha preocupação é que Ariovaldo pense que foi você quem espalhou essas notícias. Por isso fique sempre perto de pessoas nas rodoviárias e postos de paradas. A pessoa responsável pelo cartório tem o seu endereço, pedi para ele que, se alguém quiser saber onde mora, para dar outro, falso, cidade e estado diferente. Não se admire! Conheço há anos o dono do cartório, tenho amizade e, depois, pagando, tudo se acerta. Seu vizinho fazendeiro, não se sentindo ameaçado, não irá atrás de você. Pode ser que eu esteja preocupado à toa. Chegamos.

Desceram e entraram no cartório. Nestor apresentou o filho, que já estava esperando. Um observou o outro. O filho de Nestor era uma pessoa apresentável, bonito, sorriu e sentou no lugar indicado. Além de "prazer", não disse mais nada. Demonstrou uma ligeira satisfação quando assinou a escritura. Agora ele era o dono da Grota Profunda. Bruno sentiu que ele não era de trabalhar e que estava pensando em pôr pessoas para trabalhar para ele.

Não demorou dez minutos e a venda estava concluída.

— Aqui estão, Bruno, os dois cheques: verifique e assine o recibo, por favor – pediu Nestor.

Bruno pegou os cheques, olhou e assinou o recibo. Pediu para ir ao banheiro. Lá colocou os dois cheques na pochete, que estava presa sob as roupas. Quando saiu, o filho de Nestor já tinha ido embora.

— Vou acompanhá-lo até o ponto de ônibus, logo ele passará.

Saíram do cartório, Bruno não viu mais o carro moderno e caro que estava na frente do prédio quando Nestor e ele chegaram, deduziu que devia ser do filho dele.

"Espero que esse rapaz dê valor ao que está recebendo", pensou Bruno.

Os dois, caminhando, foram para o local onde Bruno havia descido quando chegou. O homem que lhe dera informações estava lá. Bruno comprou a passagem para a capital do estado. Nestor continuou com ele. Chegaram outras pessoas.

— Bruno – aconselhou Nestor –, não se esqueça do que tem de fazer. Memorize tudo. Faça uma boa viagem. Ficarei aqui até que parta, para ver se está em ordem. Conheço todos por aqui. E não volte mais aqui.

— Farei tudo o que o senhor me recomendou. Não voltarei. Muito obrigado!

Esperaram por trinta minutos. O ônibus chegou. Nestor olhou para todos que estavam no ônibus. Sorriu para Bruno. O homem colocou a mala no bagageiro, ele se acomodou numa poltrona. O veículo partiu. Nestor foi embora.

"Nossa, que sufoco!", Bruno tentou relaxar.

"*Nestor exagera*", escutou de Romoaldo. "*Não sinto perigo algum. Porém o melhor é fazer o que ele planejou. Antes ir fazendo baldeação que ficar por dias esperando. Na rodoviária, vamos verificar se não tem mesmo passagem. Estarei com você. Pedi, depois que escutei Nestor, para Pai João vir aqui e ver o que acontece. Pai João não viu perigo, sondamos o assassino, ele ainda não sabe dos comentários e está esperando você ir lá, na fazenda. Ele não está interessado em comprar mais terras, mas compraria para você ir embora. Concluímos que Ariovaldo logo saberá dos comentários, mas não culpará você; talvez a Marina, porque ela contou para outras pessoas, que espalharam. Mas a danadinha foi para longe.*"

"Não me adaptaria mesmo num lugar assim."

"*São pessoas diferentes, têm outra cultura, mas a maioria são pessoas boas*", Romoaldo deu sua opinião.

"Nestor, ainda que com tantos problemas, preocupou-se comigo. Não foi difícil, para ele, concluir quem era o assassino; penso que também não será para outras pessoas. Eu que suspeitei de tantos, foquei nos motivos, e não houve motivos. Tive medo do senhor Claudino, e ele somente quis me alertar. O melhor é ficar atento e tentar permanecer tranquilo."

O ônibus novamente foi parando, desciam e subiam passageiros. Chegou à capital daquele estado. Bruno pegou sua mala e rapidamente foi ao guichê da empresa que fazia o percurso para a capital do seu estado. De fato, tinha passagem somente para dali a três dias. Rápido, foi para o guichê marcado pela filha de Nestor; sua passagem estava lá, e paga. Pegou-a e a atendente avisou:

— Seu ônibus partirá em vinte minutos, vá rápido à plataforma indicada.

Ele foi, colocou a mala no bagageiro e se acomodou na sua poltrona. O ônibus lotou e partiram. Estava previsto chegarem às vinte horas e trinta minutos.

"Hoje é quarta-feira. Pelos meus cálculos, chegarei em casa na sexta-feira. Espero fazer boa viagem. Que Deus me abençoe!"

Conversas. Bruno preferiu ficar calado, observou os passageiros. Não viu nada suspeito.

Fizeram uma parada, num posto, de vinte minutos. Bruno se alimentou, estava com fome.

A viagem transcorreu tranquila. No horário, chegou à rodoviária na capital de outro estado. Conferiu o que tinha de fazer no papel que Nestor lhe dera. Foi novamente primeiro ao guichê onde vendiam passagem para seu estado, tinha horário somente uma vez por dia e ali estava pior: havia passagem para depois de quatro dias. Foi ao guichê onde a filha de Nestor reservara a passagem, era para o dia seguinte, quinta-feira, às seis horas. Comprou. Ficou em dúvida do que fazer: se procuraria uma pensão, hotel, para pernoitar; ou permaneceria na rodoviária. Estava com fome, resolveu jantar num restaurante e permanecer na rodoviária. Dormiu numa poltrona perto de uma família, colocou a mochila no colo e os pés em cima da mala. Passou por cochilos. Acordou, tomou café e esperou na plataforma indicada.

Novamente não houve problemas no percurso. Chegou à tarde ao seu destino. Lá, foi rápido perguntar se havia passagem para a capital do seu estado. Havia, porque houvera uma desistência, e o ônibus partiria às vinte e duas horas. Esperaria por uma hora e quarenta minutos. Foi onde estava reservada sua passagem, cancelou-a, alimentou-se e telefonou para a mãe; àquela hora, à noite, seus pais estavam em casa.

— Mamãe – deu a notícia –, estou voltando, amanhã à tarde chego em casa. Vendi o sítio, está tudo bem. Viajarei a noite toda. Estou contente, tudo deu certo.

Como sempre, a mãe pediu para ter cuidado e informou que lá estava tudo bem.

Sentiu-se melhor em escutar a genitora.

"Mãe sempre nos acalma."

Embora cansado, sentindo vontade de tomar banho, estava tranquilo e alegre por regressar.

Alimentou-se e aguardou.

No horário, estava acomodado no ônibus. Observou todos os passageiros.

"Nestor me deixou com paranoia", pensou.

"*Tudo está bem. Aproveite para dormir*", escutou de Romoaldo.

Relaxou e dormiu.

O ônibus foi parar num posto às seis horas. Todos desceram para tomar café. Acomodados, novamente começaram a conversar. Um homem que estava sentado ao lado de Bruno contou que visitaria a filha para conhecer a netinha... que fazia anos que não via a filha e que ainda não conhecia o genro... que sua ex-mulher morava com a filha e que ele queria voltar para ela. Ele fora culpado pela separação. Se desse certo, ele não voltaria mais e ficaria com elas, mas se a ex-mulher não o quisesse, retornaria.

Bruno falou pouco de si, preferiu escutar. Prestou atenção numa moça que estava viajando para se encontrar com o marido. Ela contou:

— Namoramos por muitos anos, casamo-nos, e, dois meses depois, ele foi dispensado do emprego. Morávamos em dois cômodos no fundo da casa de meus pais. Sempre trabalhei como empregada doméstica e continuei. Um irmão do meu marido veio para o Sul há dois anos, está bem lá e convidou meu esposo para vir. Meu marido veio sozinho, arrumou emprego e ganha bem melhor do que antes. Ele alugou uma casinha, dois cômodos e banheiro, e a mobiliou. Estou indo me encontrar com ele, faz seis meses e dezoito dias que estamos separados. A cidade em que vou morar fica a quatro horas de ônibus da capital. A patroa dele deu folga para meu marido ir à capital me esperar, para irmos juntos ao nosso lar. Estou ansiosa por estar viajando sozinha e com medo de não me encontrar com ele, de haver algum contratempo; depois, deixei meus pais, família, me sinto insegura e tenho me indagado: será que vou me acostumar a um lugar diferente?

Escutou alguns incentivos.

Um casal viajava com dois filhos, os pais sentados em duas

poltronas, e as crianças, de oito e seis anos, no colo. Como não havia nenhuma poltrona vaga, viajaram o tempo todo assim. Eles também não iriam ficar na capital, continuariam viajando para outra cidade, em que a irmã dela, seu cunhado e três filhos moravam. Eles iam para a casa desses parentes com esperança de arrumar emprego para depois ter sua própria casa.

"Sempre há motivos para viajar", pensou Bruno. "Uns vêm, outros vão; agora todos estamos indo, e por vários motivos. Todos tinham uma história de vida. A história de cada um."

Sempre há motivos para viajar. Uns vêm, outros vão. Agora todos estamos indo, e por vários motivos. Todos tinham uma história de vida. A história de cada um.

12

Uma única história

12

SENTINDO-SE AINDA INQUIETO, PEGOU O *EVANGELHO*. Leitura edificante sempre o acalmava, assim como tranquiliza a todos. Abriu ao acaso, que nem sempre é por acaso, normalmente é o que precisamos ler. Leu vagarosamente o capítulo 15, "Fora da caridade não há salvação", e prestou muita atenção à parábola do bom samaritano, *Lucas*, capítulo 10, versículos de 25 a 37: "Então, levantando-se, disse-lhe um doutor da lei [...]"

Bruno então se lembrou de uma palestra que escutara sobre essa parábola. O orador comparou o homem ferido, o que fora socorrido, com outros sofredores: com aqueles que padecem com a desencarnação de entes queridos, com os doentes solitários, com os famintos, com os que são abandonados por aqueles que amam, com os injustiçados, com os que padecem por inúmeros sofrimentos e com os desencarnados que vagam sem conseguir entender o que aconteceu, com medo de viver de outro modo, e sofrem com a separação do seu corpo físico. São esses também nossos próximos. O palestrante frisou a importância da orientação que podemos dar a essas pessoas que desencarnaram e que se sentem sozinhas, abandonadas, desesperadas. São esses os que, pela nossa mediunidade, em nossas casas de auxílio, podemos socorrer, como fez o samaritano. E finalizou: que ninguém pode amar o próximo sem amar a Deus. E ninguém pode afirmar amar a Deus sem amar o próximo. Porque todos nós temos uma paternidade única, a de Deus, nosso Criador. Entender isso é amar também o criminoso, o assassino, e ajudá-lo, porque, com certeza, ele estará um dia como o necessitado, talvez em estado mais lastimável que o socorrido da parábola. "Que ensinamento bonito!", concluiu.

Chegaram. O ônibus parou na rodoviária. A moça desceu e correu em direção a um jovem rapaz, os dois se abraçaram e choraram emocionados.

"Ainda bem que ele veio esperá-la", pensou Bruno.

Os passageiros pegaram suas bagagens, alguns traziam muitas. Bruno se despediu e foi rápido para os guichês. Só duas empresas faziam o trajeto para a sua cidade. Alegrou-se, partiria em trinta minutos. Ficou andando pela rodoviária e repassou o que tinha decidido contar para os pais.

"Não contarei tudo o que aconteceu no sítio. Se me perguntarem de que Severino desencarnou, direi que o encontraram morto na estrada, que foi provavelmente do coração. Mentirei, mas não muito. Foi de fato encontrado na estrada, e os tiros foram no peito. Direi que demorei porque estava negociando a venda do sítio e que fui muito bem acolhido, isso é verdade. Se contar o que Nestor me disse, mamãe, mesmo me vendo bem, é capaz de ficar nervosa e brava comigo. Contarei somente isso!"

Viu o casal que viajara o tempo todo com os filhos no colo, compraram novamente duas passagens e teriam de esperar duas horas para retomar a viagem. O casal estava com muitas bagagens, três malas, cinco caixas e três mochilas. Estavam em volta da bagagem, de pé, calados e cansados. Bruno vira que no posto, onde pararam pela manhã, um senhor comprara lanches para eles. Foi a um quiosque onde vendiam lanches. Pediu um café e, depois, para colocar em outra comanda, oito salgados, quatro doces e quatro refrigerantes. Tomou o café, aproximou-se da família.

— Paguei os lanches, mas não poderei esperar, meu ônibus sairá logo. Peguem para vocês.

O homem tentou dizer alguma coisa, mas a mulher adiantou:

— Aceitamos, sim, e agradecemos. Viemos somente com o dinheiro das passagens. Obrigada, moço! Feliz regresso!

Bruno foi para as escadas, em direção à plataforma; antes de descer, parou e olhou. A mulher e os filhos foram retirar o lanche e, ao apresentarem a comanda, assustaram-se e depois riram. Escolheram os salgados e os doces. A mulher pegou a bandeja grande; a filha, os doces; e o garoto, os refrigerantes. Ficaram contentes.

"Às vezes," concluiu Bruno, "é tão fácil deixar pessoas contentes. Pude fazer isso porque tenho dinheiro; se não tivesse, teria somente ficado com vontade de ajudá-los. Tenho dinheiro e consegui comprar aqueles lanches com o dinheiro que meu padrinho me deu. Que a alegria dessa família alegre Severino."

Chegou.

Na cidade em que residia, pegou um táxi. A mãe estava trabalhando, mas deixou a chave num esconderijo.

"Que gostoso estar em casa! Obrigado, meu Deus, por ter um lar."

Tomou um banho demorado, se deliciando com a água do chuveiro; depois se alimentou. Sua mãe tinha deixado a comida que ele gostava no fogão; ele a esquentou e a saboreou agradecido.

"Nada como ficar longe das mordomias para dar valor a esses mimos."

Desfez a mala, colocou a roupa para lavar. O dinheiro, as joias e os dois cheques, no fundo de uma gaveta da cômoda que ficava no seu quarto.

A mãe chegou, correu para abraçá-la e logo depois o pai também retornou do trabalho.

— Vou ao terreiro, mamãe. Deu tudo certo na viagem e na minha estadia no sítio. Amanhã irei à cidade vizinha me matricular no curso de mecânica. Preciso abrir uma conta num banco para descontar um dos cheques que recebi pela venda do sítio.

— Amanhã é sábado, o banco está fechado, mas, se quiser, na segunda-feira cedo vou com você ao banco em que tenho conta; conheço o gerente e abriremos uma conta para você.

— Quero, sim, papai.

Altamiro ligou para esse gerente, tinha amizade com ele, e combinaram para ir à agência na segunda-feira, logo cedo, ele os atenderia.

Bruno foi ao centro de umbanda. Percebeu que gostava demais daquele lugar, dos companheiros. Como de costume, Pai João, pela médium Hiolanda, conversou com os médiuns antes dos trabalhos.

— *E você, Bruno, como está?* – Pai João manifestou-se pela médium.

— Estou bem e tudo deu certo, graças a Deus!

— *Você não está cansado?*

— Estou sim, senhor, mas queria agradecer – Bruno estava realmente agradecido.

— *Já não agradeceu?*

— Sim, mas queria fazê-lo formalmente.

— *Vá descansar, filho! Não precisa trabalhar esta noite* – determinou o dirigente daquele lugar de orações.

— Pai João, posso trocar meu dia de trabalho de segunda--feira para sexta-feira? – perguntou Bruno. – Vou estudar na cidade vizinha, na segunda-feira ficará difícil para eu vir.

— *Pode, sim. Filho, se você encontrar um lugar para ir trabalhar sendo útil com sua mediunidade na cidade em que irá estudar, tem nossa permissão para fazê-lo. Seu padrinho está se adaptando, gostando daqui e de estar conosco. Com certeza, logo estará bem.*

Bruno agradeceu novamente, despediu-se dos companheiros com um aceno de mão e foi para casa.

"Que gostoso deitar na minha cama e me esticar!"

Orou e dormiu.

Acordou cedo, acostumara-se; esperou por uns minutos, depois se levantou e fez o café para sua mãe, que se alegrou com o mimo.

— Mamãe – avisou ele –, irei de ônibus à cidade vizinha, tentarei fazer o curso de mecânica. A senhora sabe que era meu sonho e que fui adiando. Agora vou tentar, tendo dinheiro para isso. Pedia sempre os folhetos sobre esse assunto e sei que começou um curso esta semana, espero que tenha vaga e que eu possa me matricular. Se conseguir, vou procurar um lugar para ficar, alugar uma quitinete, um apartamento pequeno, não quero me hospedar em pensão ou hotel.

A mãe saiu para trabalhar, o pai ainda dormia. Pegou as joias, lavou-as e as colocou no sol; depois as guardou novamente.

O pai se levantou e os dois ficaram na sala conversando, ele iria para o trabalho às nove horas.

— Papai, me conte por que o senhor e a mamãe foram para lá e por que voltaram.

Altamiro o olhou, depois indagou:

— Você não escutou lá nada sobre nós?

"Não perguntei," pensou Bruno, "mas ninguém comentou nada da estadia de meus pais na cidadezinha. Nem se os conheceram, não perguntaram como estavam. Agora que estou pensando sobre isso."

— Não, papai, não comentaram, mas também não perguntei. Nesses dias lá, soube de alguns fatos, a história do Grotão do Susto e de algumas pessoas. Estive interessado mesmo foi em vender o sítio e vir embora. O senhor não quer me contar o que aconteceu com vocês lá?

— Meu tio, que morava naquela cidadezinha, era o único da família que tinha alguns bens, era irmão do meu pai. Ele queria um parente dele para ajudá-lo no armazém. Fiquei sem emprego, e meu pai insistiu para eu ir. Sua mãe não queria, ela estava grávida do seu irmão; foi uma viagem difícil, muito mais do a que você fez, porque havia trechos da rodovia que não eram asfaltados. Lá, tio Sigmundo nos deu uma casa para morar. Naquele tempo, não havia eletricidade, e tudo era muito trabalhoso. Glorinha cuidava da casa, seu irmão nasceu e, para ajudá-la, tínhamos Bastiana, uma senhora muito bondosa, que foi sua madrinha. Meu tio Sigmundo era muito seguro, me fazia trabalhar muito, e meu ordenado era pouco; ele ainda era rude, sem educação, e nos tratava, Glorinha e eu, nada bem. Glorinha o detestava, achava que ele nos fazia passar por muitas humilhações. Meu tio morava perto de nós com uma mulher que era como ele, e não tinham filhos. Você nasceu, sua mãe queria vir embora, nunca gostou de lá e não fez amizades. Uma noite, meu tio entrou na nossa casa e acusou Glorinha de ter roubado o dinheiro que ele guardava numa gaveta no armazém. Ela negou. Nós dois discutimos, e ele me mandou embora. Foi Severino quem me emprestou dinheiro para voltarmos. Conhecera Severino, gostamos um do outro, conversávamos sempre e o convidara para ser seu padrinho. A viagem de volta, com dois filhos pequenos, foi difícil e cansativa. Ficamos hospedados na casa dos meus sogros. Arrumei logo emprego. Pensava que fora a mulher que morava com o meu tio que o roubara. Passados quatro meses, cheguei numa tarde em casa, cansado pelo trabalho puxado, era servente de pedreiro, quando Glorinha me contou que comprara uma casinha, que a mobiliara e que iríamos nos mudar para lá no outro dia. Conclusão: foi sua mãe quem roubou o dinheiro de meu tio. Chorei. Ela justificou que meu tio me explorava etc. Teve oportunidade, pegou o dinheiro e o escondeu; fez isso porque eu não queria retornar, sair daquela cidadezinha. Fiquei sem saber o que fazer, a casa estava comprada, e com o dinheiro roubado. No outro dia recebi uma carta de Severino me dando a notícia de que meu tio falecera e que a mulher que morava com ele vendera tudo o que ele tinha e se mudara para longe. Pedi para Severino me contar sobre os comentários, o que falavam sobre o roubo. Ele me escreveu que de fato houve muita falação: que tinha sido eu quem roubara o armazém ou que fora Glorinha, como meu tio Sigmundo acusara. Como Severino disse a todos que teve de me emprestar dinheiro para viajar, as pessoas então duvidaram e acusaram a mulher que morava com ele. Nunca contei ao meu compadre que de fato fora Glorinha, não tive coragem. Fiquei sentido com sua mãe e quase nos separamos, mas nos amávamos. Aprendi a dirigir, tirei carta de habilitação, fui contratado pela empresa de ônibus. Paguei Severino aos poucos, mandava dinheiro nas cartas. E sua mãe foi trabalhar de balconista na padaria onde está até hoje. Vendemos aquela casa, compramos esta em que moramos. Você não escutou nenhum comentário sobre esse assunto?

— Não, papai, nada – afirmou Bruno.

— Prometa, filho! Prometa não repetir o que ouviu. Sua mãe não gosta nem de lembrar que estivemos lá, envergonha-se do que aconteceu. Se meu tio não tivesse morrido, teria lhe devolvido o dinheiro.

— Prometo, papai! Não conto!

Miro foi trabalhar, e Bruno seguiu para a rodoviária. No ônibus, no caminho, pensou no que o pai lhe contara.

"Romoaldo tem razão, as pessoas de lá, o grupo da praça, são pessoas boas. Com certeza, eles se lembram do episódio, do ocorrido na época que meus pais estiveram lá. Eu, sem saber, comentei onde meu pai trabalhava, minha mãe e que vivíamos simplesmente. Minha mãe deve ter feito isso, pegado o dinheiro, por desespero; ela é honesta e nos ensinou a ser. Vou esquecer essa história, nunca direi a ninguém. Se mamãe errou, deve ter se arrependido. A mulher que morava com o tio de meu pai não deveria ter vendido o que ele tinha e ficado com o dinheiro. Porque Sigmundo não era casado, não tinha filhos, e deviam, os irmãos dele, ter herdado seu dinheiro. Não vou pensar nisso."

Conseguiu se matricular.

"Graças ao padrinho Severino, consegui pagar o curso. Que bom ter dinheiro para isso."

Foi a uma imobiliária e conseguiu alugar uma quitinete, um apartamentozinho mobiliado, sala, quarto e banheiro. Pagou quatro meses adiantado para não precisar de fiador. Comprou tudo o que precisaria, colchão, roupas de cama e banho, e pagou com o dinheiro que estava no esconderijo, que seu padrinho lhe dera.

Voltou para sua casa, a mãe convidou o irmão e a cunhada para comer pizza à noite. Bruno alegrou-se por revê-los e deu os presentes a eles, os que havia comprado na feira. Deu as joias, um par de brincos de pérola para a cunhada, um brinco de rubi e uma pulseira de ouro para a irmã, um colar e brincos de pérolas para a mãe.

Ficaram contentes com os presentes. Bruno guardou uma corrente de ouro e outra de prata com pingentes e brincos combinando. Após ser indagado, contou sua aventura, a que planejara.

— Bruno, como foi ou de que Severino desencarnou? – o pai quis saber.

— Ele foi encontrado caído na estrada, perto da trilha que vai para a casa. Provavelmente do coração.

Bruno sentiu saudades do seu padrinho.

— Que ele esteja em paz – desejou Miro.

— Sim, que ele esteja! – repetiu Bruno.

Foi muito agradável a reunião. A irmã perguntou:

— Você não quer saber de Márcia? – Não deixou que ele

respondesse, contou: – Ela saiu, que eu vi, duas vezes com um cara. Não deve ter dado certo, porque ontem a vi sozinha. Você vai tentar falar com ela?

"Nossa!", Bruno pensou admirado, "Esqueci mesmo de Márcia."

— Não, irmãzinha, não vou vê-la. Terminamos de fato o nosso namoro.

No outro dia, como costumava fazer, no domingo pela manhã, Bruno foi jogar bola com os amigos. Foi prazeroso. Teve de repetir a mesma história que contara aos familiares. Estavam no meio do jogo quando um companheiro o alertou:

— Bruno! Olhe ali e veja quem o está chamando.

Viu Márcia, que fez um sinal para ele ir falar com ela.

— Já volto! – avisou aos amigos.

Convidou-a para ir ao bar, sentaram-se em frente a uma mesa, ele pediu água; ela, um suco.

— Pensei que fosse me ver ontem – disse Márcia –. Contaram-me que você voltou sexta-feira. Sua viagem deu certo?

— Sim, deu certo.

Ficaram calados por uns momentos. Bruno a olhou.

"Não entendo por que ter sofrido por ela. Eu a esqueci mesmo!"

— Bruno, estive pensando e concluí que errei em terminar com você. Eu...

— Márcia! – Bruno a interrompeu. – Não errou, não! Terminamos o namoro, estamos terminados e... – Bruno parou de falar.

"Não é certo revidar, descontar", pensou.

— Márcia, você, com mais sensibilidade, entendeu primeiro que nosso namoro não daria certo. Você estava com a razão.

Agora penso que nós não combinávamos. Não a procurei e não iria procurá-la porque entendi que de fato terminamos. Desculpe-me, tenho de voltar ao jogo.

Ele levantou-se, Márcia segurou-o pelo braço.

— É verdade que irá estudar na cidade vizinha?

— Irei, sim. Tchau, pago o suco depois. Desejo a você tudo de bom.

Puxou o braço, afastou-se e voltou ao jogo. Márcia foi embora.

"Não sei por que Márcia veio conversar comigo. Quando terminou comigo estava tão certa. Penso que ela é indecisa, talvez tenha achado que o outro fosse melhor. Como isso é perigoso, querer o que não está certo. Porém, se duvidou, é porque não me amava. Eu que julguei amá-la, sofri e, com tantas novidades, esqueci até de lembrar dela. Realmente, agora, tenho a certeza de que não a quero mais."

Almoçou com os familiares, arrumou em duas malas tudo o que queria ou teria de levar e foi à tarde para a cidade onde começaria a estudar. Foi e voltou, dormiria em casa para ir no outro dia, segunda-feira, ao banco com o pai. Deixou tudo arrumado na quitinete. No outro dia, foi com o seu pai ao banco; com tudo acertado, pegou o ônibus e foi direto para o curso.

Bruno gostou muito de estudar. Como já tinha noção de mecânica e por gostar, aprendia rápido. Organizou-se na quitinete e logo arranjou onde tomaria as refeições. Nas sextas-feiras, à tarde, voltaria para casa e, à noite, ao terreiro onde trabalhava com sua mediunidade; saía no sábado; no domingo, jogava futebol e voltava à noite. Por três meses, essa foi sua rotina.

Ia para o curso, voltava para seu apartamento de ônibus

e, no caminho, via um centro de umbanda. Notou que, às quartas-feiras, pessoas esperavam na porta para abrir. Resolveu visitar o local. Nesses três meses, sentia Romoaldo com ele no terreiro, mas, se precisasse dele, era só chamá-lo, mas não precisou. Sabia que o amigo estava fazendo o curso com ele. Nessa tarde o chamou e pediu para Ramu ir junto com ele conhecer aquele lugar de orações.

Desceu do ônibus e ficou perto das pessoas que esperavam para abrir. Cumprimentou-as e aguardou. Ele viu uma moça que também esperava e bastou vê-la para se sentir fascinado.

O trabalho naquele centro de umbanda não se diferenciava do de seu grupo. A mocinha era médium e trabalhava ali. Ele foi atendido por um médium.

— Boa noite, moço! Vejo que tem um amigo, companheiro de jornada. Você trabalha em outro terreiro, não é?

— Sim, senhor, frequento um na cidade em que moro, estou nesta para estudar.

— Convido-o a nos ajudar. Se quiser, venha mais vezes para ver se você se adapta à casa e nós a você. Venha estudar conosco. Temos um grupo de estudos às quintas-feiras neste horário.

— Agradeço, virei com certeza.

Bruno foi embora; no outro dia, quinta-feira, foi ao estudo, e a mocinha estava lá. Apresentaram-se.

— Jéssica! Muito prazer!

"Jéssica," lembrou ele, "o nome que veio à minha mente quando falei ao ser indagado como se chamava minha companheira."

Gostou demais do estudo e do grupo. Coincidência: Jéssica pegava o mesmo ônibus que ele para ir para sua casa. Foram juntos conversando. Gostaram da companhia um do outro. Passaram a se encontrar, ele ficou naquele final de semana na cidade e saíram para passear. Perceberam que tinham gostos parecidos, ouviam as mesmas músicas, apreciavam ir a certos lugares e até se alimentavam das mesmas comidas. O melhor é que tinham a mesma religião, eram médiuns e gostavam de ajudar as pessoas.

Tudo estava dando certo para Bruno, gostava muito do curso e, cinco meses depois, foi contratado como estagiário numa grande fábrica, como mecânico de máquinas, por quatro horas. Foi elogiado pelo seu trabalho e seria contratado como empregado assim que terminasse o curso.

Não ia mais todos os finais de semana para a casa de seus pais. O que recebia de ordenado da fábrica estava dando para se manter, deixou o dinheiro aplicado.

Embora sentisse falta do seu grupo, dos companheiros do terreiro e muito do Pai João, Bruno adaptou-se no outro centro de umbanda. Gostava dos estudos e de estar com Jéssica.

Passaram a namorar, ela lecionava, amava ensinar as crianças, formara-se recentemente em pedagogia, morava com a mãe e o padrasto. Era filha única da mãe, e o padrasto não tinha filhos. Jéssica gostava muito dele.

Num domingo em que Bruno fora almoçar na casa dela, saíram depois, e Jéssica quis se sentar num banco de uma praça.

— Bruno, quero lhe contar algo que faz parte de minha vida. A minha história! Não somos desta cidade, a família de minha mãe era pequena, ela ficou órfã muito jovem, trabalhou desde os doze anos, como empregada doméstica. Conheceu meu pai, casou-se e logo eu nasci. Meu pai era vagabundo, não parava em empregos, e era minha mãe, trabalhando, que sustentava a casa. Estava com nove anos quando meu pai me estuprou. Ele disse que estava cuidando de mim e para não contar nada a ninguém. Porém, quando mamãe chegou do trabalho, meu pai saiu e ela me viu sangrando; indagada, acabei contando; ela me levou ao hospital, deu queixa, e ele foi preso. Mudamos de cidade, viemos para longe, temíamos que meu pai não ficasse preso por muito tempo e, de fato não ficou; ele jurou se vingar da esposa e de mim. A patroa de minha mãe arrumou emprego para ela nesta cidade, na casa de uma parenta dela. Viemos e prometemos não comentar esse assunto com ninguém. A patroa de minha mãe é uma senhora bondosa que até hoje pensa que mamãe era viúva, ela nos ajudou muito. Fui para a escola, morávamos numa casinha, nossa situação foi melhorando. Foi então que minha mãe conheceu meu padrasto, foram morar juntos e deu certo. Estudei, me formei, trabalho com o que gosto. Uma psicóloga da escola em que estudava me ajudou a entender e superar meu trauma.

— Você sabe dele? – perguntou Bruno.

— Minha mãe se corresponde somente com uma tia dela, a única da família que sabe onde moramos. Ela escreveu que meu pai saiu da cadeia, cometeu outro crime e voltou para a prisão. Na última carta, contou que ele é morador de rua e está muito envelhecido. Eu o perdoei, porém não o quero por perto. Não é pessoa que se possa confiar para conviver. Depois, ele nunca nos procurou, nunca quis saber onde estávamos, não nos pediu perdão. Penso: Será que ele se arrependeu ou não do mal que me fez?

Jéssica chorou. Bruno, que até então segurava a mão dela, abraçou-a e beijou sua testa. Chorou também.

— Amo-a mais por isso! Protegerei você!

Ficaram abraçados. Chorando por minutos. Depois um enxugou o rosto do outro.

— Vamos agora ao cinema? – Bruno a levantou.

Foram assistir a uma comédia.

As famílias se conheceram, ficaram noivos. Ele terminou o curso, foi efetivado na fábrica em que fez o estágio, recebia um bom ordenado. Com o dinheiro que poupou, comprou uma casa perto da mãe dela. Deu as joias que guardara para Jéssica, contou para ela sua aventura na Grota Profunda e a fez prometer não contar para ninguém. Aquela história era a dele.

— Romoaldo – convidou Bruno –, vou casar, daqui uns dois anos, queremos filhos. Você não quer ser meu filho?

— *Bruno, penso que este convite é a maior prova de carinho que recebi* – Ramu se emocionou –. *Mas não posso aceitar. Agradeço. Mamãe, Pai João e eu decidimos que devo continuar no plano espiritual por mais tempo. Já que estou tendo oportunidades de reparar onde me desarmonizei, devo continuar. Tenho ainda o que fazer. Cada amigo, ex-companheiro, que conduzo ao caminho do bem é uma vitória. Realmente tenho construído onde destruí. E aprendo! Como tenho aprendido, como mamãe deseja, estou adquirindo experiência, que me será útil para quando reencarnar, para que minha estadia no físico seja mais fácil. Com certeza, você e Jéssica terão filhos, serão pais de Espíritos sem carma negativo, que virão confiando que vocês dois os ajudarão a caminhar para o progresso.*

E os dois enamorados fizeram planos de como seria o casamento. Agora, não teriam mais a história dele ou dela, não seria mais a de cada um, os dois teriam uma única história e, com certeza, seria de muitas alegrias.

Agora, não teriam mais a história dele ou dela, não seria mais a de cada um, os dois teriam uma única história e, com certeza, seria de muitas alegrias.

© 2021 by Infinda

DIRETOR GERAL
Ricardo Pinfildi

DIRETOR EDITORIAL
Ary Dourado

CONSELHO EDITORIAL
Ary Dourado, Julio Cesar Luiz,
Ricardo Pinfildi, Rubens Silvestre

DIREITOS DE EDIÇÃO
Editora Infinda [Organizações Candeia Ltda.]
CNPJ 03 784 317/0001-54   IE 260 136 150 118
Rua Minas Gerais, 1520   Vila Rodrigues
15 801-280 Catanduva SP
17 3524 9801   www.infinda.com

DADOS INTERNACIONAIS DE CATALOGAÇÃO NA PUBLICAÇÃO [CIP BRASIL]

C2841h

CARLOS, Antônio [Espírito].
A história de cada um / Antônio Carlos [Espírito]; Vera Lúcia Marinzeck de Carvalho [médium]. – Catanduva, SP: Infinda, 2021.

256 p. : il. ; 15,7×22,5×1,3 cm

ISBN 978 65 994266 0 5 [Premium]
ISBN 978 65 994266 1 2 [Especial]

1. Romance espírita. 2. Mistério. 3. Interior.
4. Mediunidade. 5. Espiritismo. 6. Obra mediúnica.
I. Carvalho, Vera Lúcia Marinzeck de. II. Título.

CDD 133.93   CDU 133.7

ÍNDICES PARA CATÁLOGO SISTEMÁTICO:
1. Mistério : Interior : Mediunidade
Romance espírita : Espiritismo
133.93

1.ª ED. PREMIUM E 1.ª ED. ESPECIAL
abril de 2021 | 5 mil exemplares

Impresso no Brasil   *Printed in Brazil*   *Presita en Brazilo*

TÍTULO
A história de cada um

AUTORIA
Vera Lúcia Marinzeck de Carvalho
Espírito Antônio Carlos

EDIÇÃO
1.ª PREMIUM e 1.ª ESPECIAL

EDITORA
Infinda [Catanduva SP]

ISBN
PREMIUM: 978 65 994266 0 5
ESPECIAL: 978 65 994266 1 2

PÁGINAS
256

TAMANHO MIOLO
15,5×22,5 cm

TAMANHO CAPA
15,7×22,5×1,3 cm [orelhas de 9 cm]

CAPA
Ary Dourado

REVISÃO
Ademar Lopes Junior

PROJETO GRÁFICO
Ary Dourado

DIAGRAMAÇÃO
Ary Dourado

COMPOSIÇÃO
Adobe InDesign CC 16.1 x64
[Windows 10]

TIPOGRAFIA TEXTO PRINCIPAL
[exljbris]
Calluna Regular 11,7/16

TIPOGRAFIA CITAÇÕES
[exljbris]
Calluna Regular 10,7/16

TIPOGRAFIA NOTAS DE RODAPÉ
[exljbris]
Calluna Regular 10,7/14

TIPOGRAFIA OLHOS
[Angie Makes]
Bellwethers Regular 25/25

TIPOGRAFIA TÍTULOS
[Angie Makes]
Bellwethers Regular
[50, 180]/[50, 180]

TIPOGRAFIA FÓLIOS
[Latinotype]
Branding Semilight 10/16

TIPOGRAFIA DADOS
[exljbris]
Calluna [Regular, Bold] 10/13

TIPOGRAFIA COLOFÃO
[exljbris]
Calluna [Regular, Bold] 9/11,5

TIPOGRAFIA CAPA
[Angie Makes]
Bellwethers Regular
[Latinotype] Branding
[MediumItalic, Semilight, Semibold]

MANCHA
103,3×167,5 mm, 30 linhas
[sem fólio]

MARGENS
17,2:25:34,4:32,5 mm
[interna:superior:externa:inferior]

PAPEL MIOLO
ofsete Suzano Alta Alvura 75 g/m²

PAPEL CAPA
papelcartão Suzano Supremo
Alta Alvura 250 g/m²

CORES MIOLO
2×2: preto e ciano escala

CORES CAPA
4×2: CMYK×preto e ciano escala

TINTA MIOLO
Seller Ink

TINTA CAPA
Seller Ink

PRÉ-IMPRESSÃO
CTP em Platesetter Kodak
Trendsetter 800 III

PROVAS MIOLO
HP DesignJet 1050C Plus

PROVAS CAPA
HP DesignJet Z2100 Photo

PRÉ-IMPRESSOR
Lis Gráfica e Editora
[Guarulhos SP]

IMPRESSÃO
processo ofsete

IMPRESSÃO MIOLO
Heidelberg Speedmaster SM 102 2P

IMPRESSÃO CAPA
Komori Lithrone S29

ACABAMENTO MIOLO
cadernos de 32 pp.,
costurados e colados

ACABAMENTO CAPA
brochura com orelhas
laminação BOPP fosco
verniz UV brilho com reserva

IMPRESSOR
Lis Gráfica e Editora
[Guarulhos SP]

TIRAGEM
5 mil exemplares
[PREMIUM e ESPECIAL]

TIRAGEM ACUMULADA
5 mil exemplares

PRODUÇÃO
abril de 2021